社会科授業サポートBOOKS

子供を社会科好きにする！

5年生 面白ネタでつくる全単元の授業プラン&ワークシート

国土・食料生産 編

阿部 雅之 著

明治図書

刊行に寄せて

　小学校教師として，子どもを本気にする授業を追究し続けている著者：阿部雅之先生の「観」が反映された一冊です。阿部先生は，大学在学中より社会科の授業について熱心に研究し続け，子ども達に社会科の楽しさを味わわせるべく，現場で実践を重ねてきました。

　本書には，阿部先生の研究実践の成果が集約されていると感じます。まず，授業プランが丁寧に示され，それぞれの授業のねらいも明確に書かれています。そこが，ハウツー本とは異なる阿部先生の社会科研究者としての真骨頂ではないでしょうか。本書には，クイズや選択問題がふんだんに紹介されており，一時間の授業で，社会科の力を楽しみながら身に付けることのできる工夫がちりばめられています。実践家としての阿部先生の本領も十二分に生かされている書になっています。

　社会科授業で何をどのように教えれば良いのか悩んでいる先生方，子どもはもちろん教師も楽しく社会科学習を通して社会に参画することのできる授業を目指している先生方にとって，本書は予想以上に役立つものになるでしょう。

　　　　　　　　　　　　　　　　　　　　　　　　奈良市立小学校校長

　　　　　　　　　　　　　　　　　　　　　　　　　中嶋　郁雄

は じ め に

働き方改革の本として
社会科が得意な人たちのネタ集として
社会科の苦手な人が手軽に，面白い授業をするための資料として

　この本は働き方改革の本です。現在，たくさんの先生方が心を病んで，この職を離れたり，休んだりしていることが社会問題となっています。そんな中で，心ある先生方は「少しでも楽しい授業をしたい」と考えているでしょう。そんな先生方の手助けをするために本書を執筆しました。姉妹編の拙著『子供を歴史好きにする！面白ネタでつくる全時代の授業プラン＆ワークシート』に続き，この本は，社会科が苦手な人も，もっと詳しく知りたい人たちも一歩先の社会科授業が手軽に，しかも教師も子供も楽しくできるようになるために，以下５つの工夫をしています。

　①５年生のすべての単元を網羅した内容
　②基本的に「クイズ→語句確認→主発問」の流れ
　③すべての単元のネタ解説，単元の流れ，ワークシートつき
　④オリジナルネタを中心に構成
　⑤ネタについて考えることが，その単元を捉えるための布石に

①５年生のすべての単元を網羅した内容

　世の中には面白いネタが満載の，とても素敵な本がたくさんあります。全単元の授業案が板書つきで説明されている本もたくさんあります。どちらもとても魅力的です。だからこそ，どちらのいいところも混ぜた本にしました。この本は，姉妹シリーズの工業・情報・環境編とあわせて２冊ですべての５年生の授業が進められるようになっています。

②基本的に「クイズ→語句確認→主発問」の流れ

　子供たちは授業の流れが分かると安定します。しかも，姉妹編の『子供を歴史好きにする！面白ネタでつくる全時代の授業プラン＆ワークシート』同様，導入で「クイズ（子供を引きつけるための面白ネタ）」を使い，次に「語句確認（落ち着いて学習する時間を確保）」し，「主発問（１時間の学習で身につけた力を使って答えさせる）」という流れは，子供たちへの負荷も徐々に上がっていくようになっています。子供たちは楽しんで，かつ安定して授業が受けられます。また，社会科の授業が苦手な先生でも同じ流れだと授業展開に慣れてきて，少しずつ社会科の授業の仕方が分かってきます。

③すべての単元のネタ解説，単元の流れ，ワークシートつき

　面白いネタ，全授業の流れだけではなく，授業で使えるワークシートもついています。これなら，授業の前に簡単に自分で解くなどの最低限の準備でも，楽しく子供たちに社会科の力をつけるための授業が手軽にできます。

④オリジナルネタを中心に構成

　姉妹編同様，有田和正氏や，河原和之氏のネタを参考にしたものもありますが，ほとんどはオリジナルネタです。たくさんの参考資料はもちろん，取材に基づいたネタを掲載しています。

⑤ネタについて考えることが，その単元を捉えるための布石に

　ただの楽しいネタはたくさんあります。しかし，授業で身につけたい事柄に迫れるものであるかはバラバラでした。そこで，たくさん発見したネタの中でも，学習する単元を捉えるために使えるネタをできるだけ選りすぐっています。例えば，

沖縄の中にカリフォルニア州がある。○か×か。

というクイズ。沖縄にある米軍基地について知るきっかけになるクイズです。

すぐに答えが出るけれど,「なんでそんなことをするの?」ともっと考えたくなりそうだと思いませんか?

次に,正しく理解して使っていただき,この本の力を存分に発揮していただくために2つの特徴と板書について補足説明します。

①クイズネタの特徴
先にも述べましたが,クイズとして出すネタには,導入として使うだけのものもあります。しかし,多くのクイズは,本当に考えさせたい事柄につなげるためのものです。つまり,一見関係がなくバラバラで,つながっていなさそうなクイズでも,その単元を捉えるために作られているのです。例えば,

北海道の川の名。存在するのは? ○をしよう!!
A:オモシロナイ川 B:オカネナイ川 C:アブナイ川 D:アルケナイ川

これは,北海道の文化に触れさせるためのクイズ。その後に地図帳を開いて地名に注目させてもよいですし,「面白い」と思うことを導入に,アイヌの文化について考え,北海道でのくらしにつなげる子が出てくるようになったら,しめたものです。

②発問の特徴
ここではいくつかの発問の特徴を説明します。

[1] 立場を選ばせるもので,立場を重要としない場合
例えば食料生産の学習で,
「毎日食べているお米,実はどんどん作られる量が減っている。このまま減らしていってよい? だめ?」
という発問があります。この場合,選ぶ立場はどちらでも構わないのです。
このような,立場をとらせるが立場はどちらでもよい発問の場合, その発

問を手段として，学習したことを整理させようとしています。

　先の例の場合，よい，だめで立場を選ばせ，理由を言わせることによって，現代の食料生産の問題を整理しているのです。ただ「現代の食料生産の問題を整理しよう！」と問う場合と比べてどちらが子供の食いつきがいいかは説明するまでもないでしょう。

[２] 同じ発問を二度，もしくは複数回する場合

　食料生産の学習で，
「お米の生産をこのまま減らしていっていい？」
という発問を各時間のまとめで行っています。これは，学習内容を根拠にするということもありますが，初めはどちらかというと感覚的に答えさせ，子供たちの現在地を知るために行うのです。そして，学習した後に同じ発問をすると，同じ発問なのに立場が違ったり，理由が違ったりします。これが学習によるものであることはいうまでもありません。変化はそのまま子供たちの成長ともいえます。

③ 板書について

　板書については，導入のクイズの後から始めることをおすすめします。つまり，クイズでいきなり授業に入り，その後，「今日のめあて」という形で板書し，子供たちと共通認識を図るのです。

　もっとも，語句確認の文をすべて板書する必要はありません。答えの部分だけ板書するなど，授業のテンポが悪くならないようにしましょう。そして，じっくり考えさせたい「大ネタ」など，主発問の内容を中心に板書することをおすすめします。

阿部　雅之

CONTENTS

刊行に寄せて　中嶋郁雄 ● 002
はじめに ● 003

国　土

01-1 世界の国や日本はどんな国？―いろいろかるた大会― ● 010
　　ワークシート　世界の国や日本はどんな国？

01-2 低い土地と高い土地のくらし ● 020
　　　―住む場所によって何が違うのかを考える―
　　授業をもっと楽しくする＋αネタ
　　輪中根性に対抗!?「高地根性」の意味をつくろう！
　　長野県の野辺山原から高地のくらしを学ぶ
　　ワークシート　低い土地のくらし
　　　　　　　　　高い土地のくらし

01-3 日本の気候の特色―あなたはどの都道府県に住みたい？― ● 038
　　ワークシート　日本の気候の特色
　　授業をもっと楽しくする＋αネタ
　　日本で唯一の熱帯地域とは意外な都道府県だった!?
　　アルプス一万尺の歌,「小槍の上」ってどんなところ？

01
-
4
あたたかい土地と寒い土地のくらし ● 050
　　―自分の住む都道府県とどっちに住みたい？―
ワークシート　あたたかい土地のくらし
　　　　　　　寒い土地のくらし

食料生産

02
-
1
日本の食料生産 ● 068
　　―食べ物はどこからやってくる？　法則みつけ！―
授業をもっと楽しくする＋αネタ
関東地方以外の人たちは知らない!?　茨城県の食料生産
ワークシート　日本の食料生産

02
-
2
日本の農業生産 ● 076
　　―日本の米づくりの未来は明るい？　暗い？―
授業をもっと楽しくする＋αネタ
絶対王者コシヒカリの苦悩　欲しいのはおいしさじゃない!?
ワークシート　日本の農業生産

02-3 日本の漁業を考える ● 092
一日本の漁業にとって大事なことは何なのか？一

授業をもっと楽しくする＋αネタ

根室のサンマじゃなくて，根室のサバ!? 気候で変わる魚たち

子供の人気 No.1！ サーモン寿司の歴史は意外と浅い？

ワークシート　日本の漁業を考える

02-4 日本の食料生産はどうあるべき？ ● 108
一食料自給率 UP だけでよいのだろうか？一

授業をもっと楽しくする＋αネタ

海外産の食料，その驚きの農薬量とは？

ワークシート　日本の食料生産はどうあるべき？

語句確認・クイズの答え ● 121

資料編 ● 124

おわりに ● 129

＊本書内の参照数値やランキング等は，本書執筆時点のものです。ご利用いただく際には変動している可能性がありますので，お手元の教科書や資料集をご確認の上，適宜改変してお使いください。

国　土

0-1-1 世界の国や日本はどんな国？
―いろいろかるた大会―

　5年生社会科の導入にもかかわらず，覚えるばかりの学習になりがちなこの単元。かるた大会やクイズ大会で楽しく学習した後，言葉を覚えるなどの学習に進めば「社会科楽しい！」になるかもしれません。

ここで使える！ネタ一覧

大ネタ：世界の国や日本はどんな国？　かるた大会をしよう！

中ネタ：世界の国はどんな国？　クイズで学ぼう！

　　　　日本はどんな国？　クイズで学ぼう！

小ネタ：世界一大きな島，世界一小さな大陸

　　　：日本の最南端の都道府県は東京都!?

　　　：日本最東端の南鳥島，かつての特産品はヤシ油と○○だった！

💡 世界の国や日本はどんな国？　かるた大会をしよう！

　世界の国を覚えるために白地図と向き合った経験がある人がほとんどではないでしょうか。もちろんそれも大事ですが，現在大事にされているのは「動く地理」。その場所で生き生きと過ごす人，歴史，文化。どの国にもある意外な面白いネタをかるたにして覚えるのもよいでしょう。ちなみにかるたでは，①その国の地理的位置について　②その国と日本とのつながりについて　③その国の特産品について　④面白ネタ　というふうに4つの視点から1つの国を見るとよいでしょう。時間や場所の都合でかるたができない場合も，内容をクイズなどにして宿題にしてもよいかもしれません。また，かるたづくりは世界の国だけではなく，日本の平地や山地，川などの名前を覚える際

にも使えます。取り札をそれらの地名にしておいて，それが答えになるよう
なクイズを作るのです。例えば，「北海道　牛乳つくるよ　十勝平野」「日本
一　長い川です　信濃川」などです。取り札のみ巻末の資料編で掲載してい
ますので，読み札をどんどん募集して集めておけば何十パターンものかるた
を楽しむことができるのです。空札も掲載しておきますから，世界や日本の
他のバージョンも利用してみてください。

💡 日本はどんな国？　クイズで学ぼう！

　かるたでは，もちろん日本も入っています。日本については自分たちの住
む国である以上，そして，1年間の導入としてももう少しだけ詳しく学習す
る必要があります。そこで，「日本はどんな国？　クイズで学ぼう！」などと
称してクイズ大会を開いてもよいでしょう。ここでも改めて，①日本の地理
的位置について　②日本の周りの国について　③日本の領土（領海）につい
て　④面白ネタ　というふうに4つの視点から日本を見るとよいでしょう。

参考文献・資料　（Web サイトは2023年10月29日最終閲覧）
○齋藤勝裕『SUPER サイエンス　鮮度を保つ漁業の科学』シーアンドアール研究所，2020
○外務省｜キッズ外務省／世界いろいろ雑学ランキング
　（https://www.mofa.go.jp/mofaj/kids/ranking/index.html）
○ THE TRUE SIZE OF …［実際の大きさを比べるサイト］　（https://www.thetruesize.com/）
○国土地理院｜日本の島の数
　（https://www.gsi.go.jp/kihonjohochousa/islands_index.html）
○小笠原村公式サイト｜歴史　（https://www.vill.ogasawara.tokyo.jp/history/）

単元プランの実際

第1時 （導入）	［小ネタで導入］ ○知っている国を5分ですべて挙げよう！ ○アメリカは日本の東？ 西？／緯度・経度について考えよう ［発問で深める］ ○日本と同じ緯度・経度にある国をたくさん書こう！ ［小ネタで進める］ ○かるたの前半から，どこの国か予想しよう！ ○かるたを作って対戦しよう！
第2時	［中ネタで導入］ ○先生のウソを見抜け！ 世界の国の常識クイズ！ ○地図を見て考えよう！ 大きいのはどっち？ ［小ネタで深める］ ○本州は世界で7番目に大きい島。では世界一大きい島はどこ？ ［小ネタでまとめる］ ○かるたを作って対戦しよう！
第3時	［中ネタで導入］ ○日本はどんな国？ クイズで学ぼう！① ［中ネタで発展させる］ ○日本のかるたを作ろう①〜位置，周りの○○編〜
第4時	［中ネタで考える素地をつくる］ ○日本はどんな国？ クイズで学ぼう！② ［中ネタで発展させる］ ○日本のかるたを作ろう②〜山地，平地編〜
第5時	［中ネタで考える素地をつくる］ ○日本はどんな国？ クイズで学ぼう！③ ［中ネタで発展させる］ ○日本のかるたを作ろう③〜川，湖編〜

授業展開と発問例

🕐第1時

　導入では，レディネスチェック。

[発問]「知っている国を5分ですべて挙げよう！」

と問います。主な国や海洋，大陸の名前などを確認します。

[発問]「アメリカは日本の東？ 西？／緯度・経度について考えよう」

　ヨーロッパの人は普通西と答えます。実際，日本とアメリカの間の太平洋

012

上に日付変更線があり，日本のことを「極東」といいます。でも日本からしたらアメリカは東。ここでは緯度・経度に触れます。まずは「簡単にいうと，緯度は暑さ寒さに関係して，経度は時間に関係する」という乱暴な説明をしてもよいと考えます。意味を取り違える子には，「い」の口の形は横に広げる。「け」は縦に広げる。などと伝えると覚えやすいでしょう。続けて，

発問 「日本と同じ緯度・経度にある国をたくさん書こう！」

と問います。解答は地図帳などで調べてください。そして，教科書を読み，

発問 「かるたの前半から，どこの国か予想しよう！」

と問います（かるたの文はワークシートに載せています）。最後に，

発問 「かるたを作って対戦しよう！」

　実際にかるたを作って教師が読み，ペアで対戦させます。取り札は国の名前のみ。子供たちが作るので読み札だけが増えていきます。

🕐第2時

　ここは教科書を読む時間のない，作業重視の時間です。

クイズ 「先生のウソを見抜け！　世界の国の常識クイズ！」

①世界で一番大きな国はロシアである

②日本はデンマークよりも面積が小さい

③中国の人口は世界一である

④日本の本州は，世界で7番目に大きな島である

　答えは，③がウソ。現在はインドが1位になっています（本書執筆時）。②はデンマーク本土だけだと日本よりも小さいですが，グリーンランドなどもデンマーク領（国籍はデンマーク）なので合わせると日本よりも大きい面積になります。そして，

発問 「地図を見て考えよう！　大きいのはどっち？」

①アイスランドとイタリア　②オーストラリアとカナダ　③アメリカと中国

　答えは，①イタリア　②カナダ　③アメリカ。「メルカトル図法」は小学生に知らせなくても構いませんが，いつも見ている地図は，正しい大きさを表

013

していないことに気づければよいでしょう。ここで「THE TRUE SIZE OF...」というサイトを利用しましょう。国名を入れれば緯度による大きさの違いが分かります。

発問 「本州は世界で7番目に大きい島。では世界で一番大きい島はどこ？」と問います。解答は地図帳などで調べてください。もし余裕があれば，位置などを確認した後，「島と大陸の違いって何？」と聞いてもよいかもしれません。これは，「オーストラリアより小さいものが島」ということ。

　そして最後に，

発問 「かるたを作って対戦しよう！ 教科書を読み，かるたをしながら覚えよう。読み札の内容は自由です」

として本時のまとめの活動とします。

🕐 第3時

クイズ 「日本はどんな国？ クイズで学ぼう！①」

①日本で一番北にあるのは北海道，一番南にあるのは東京都である

②日本には島が6800ほどあるといわれていたが，現在の技術で数えなおすと14000以上あることが分かった

③日本に一番近い国の一つである韓国とは，海底をトンネルでつなぐ案が何度もとなえられている

④日本の東の端，南鳥島のかつての特産品は，ヤシ油と鳥のふんである

　答えは，全部○。教科書を読んで領土について確認します。そして，

発問 「日本のかるたを作ろう①〜位置，周りの○○編〜」

として，日本の情報をまとめましょう。

🕐 第4時

クイズ 「日本はどんな国？ クイズで学ぼう！②」

①日本最大の平野は，東京都のある関東平野だ

②大阪平野はもともと海だったので，山の近くからクジラの化石が出る

014

③日本に活火山はない

④日本には，自然の中でも１年中雪がとけない場所がある

⑤日本は先進国ではトップクラスの森林率を持つ国だ

　答えは，③だけが×。そしてこの後，例えば，「日本の『万年雪』，どこにあるかな？」と予想させると山脈に注目することができます。「平野」に関しては「人が一番住んでいるのはどこ？」と予想させるのもよいですね。「広く平らなところ」「水がたくさんあるところ」などの条件を伝えると平野の特徴に気がつきます。そして教科書を読み，時間があれば，かるたをしてもよいでしょう。

[発問]「日本のかるたを作ろう②〜山地，平地編〜」

として，日本の情報をまとめましょう。

🕐第５時

[クイズ]「日本はどんな国？　クイズで学ぼう！③」

①日本の川は，世界と比べて長く，流れがゆるやかだ

②日本で一番長い川は信濃川だが，一番大きい川は利根川だ

③琵琶湖は，河川法上は湖ではなく川で，漁業法上は湖ではなく海だ

④関東平野を流れる利根川は，徳川家康によって今の流れに替えられた

　答えは，①だけが×。②は，流域面積は利根川が１位。流れが急な理由として，「ヨーロッパのミネラルウォーターと日本のミネラルウォーター」の硬度の違いに注目させてもよいでしょう。そして教科書を読み，時間があれば，かるたをしてもよいでしょう。

　最後にまとめの活動です。

[発問]「日本のかるたを作ろう③〜川，湖編〜」

で単元のまとめとします。作ったかるたで対戦しても OK です。

世界の国や日本はどんな国？

組　名前（　　　　　　　　　　　）

✓**問１　知っている国を５分ですべて挙げよう！**

★次の国，海，大陸の場所を確認しよう!! また，国の文化を確認しよう。

国：アメリカ，ブラジル，中国，韓国，サウジアラビア，インド，イギリス
　　など

海：３つの大きな海（大西洋，インド洋，太平洋）

大陸：６つの大陸の名前と位置

✓**問２　アメリカは日本の東？ 西？**　　　　　　　　　　　東　　西

✓**問３　日本と同じ緯度・経度にある国をたくさん書こう！**

緯度
経度

✓**問４　教科書や資料集を見て答えよう。**

①世界には＿＿５＿＿６＿＿つの大陸と＿２＿＿３＿＿つの大きな海洋がある。

②世界全体では，＿陸地＿＿海＿のほうが多い。

③インドの南に広がっているのが＿大西洋＿＿インド洋＿で，日本とアメリ
　カ合衆国の間に広がるのが＿太平洋＿＿大西洋＿である。

④日本は＿ユーラシア＿＿オーストラリア＿大陸の東にある。

✓**問５　かるたの前半から，どこの国か予想しよう！**

①世界一　人口多いよ　＿＿＿＿＿＿＿＿＿＿＿＿＿＿

②キムチなど　グルメも人気　＿＿＿＿＿＿＿＿＿＿＿＿＿＿

③世界一　広い国です　＿＿＿＿＿＿＿＿＿＿＿＿＿＿

④ピラミッド　人気の国だよ　＿＿＿＿＿＿＿＿＿＿＿＿＿＿

⑤英語はね，もとはこの国　_____

⑥サッカーと　サンバが有名　_____

★かるたを作って対戦しよう！

☑問6　先生のウソを見ぬけ！　世界の国の常識クイズ！
　　（ウソに〇をしよう）

　　①世界で一番大きな国はロシアである

　　②日本はデンマークよりも面積が小さい

　　③中国の人口は世界一である

　　④日本の本州は，世界で7番目に大きな島である

☑問7　地図を見て考えよう！　大きいのはどっち？
　　（〇をしよう）

　　①　アイスランド　と　イタリア

　　②　オーストラリア　と　カナダ

　　③　アメリカ　と　中国

☑問8　では，世界で一番大きい島はどこ？　_____

★考えよう！

日本は　北半球　　南半球　にあり，韓国との間には　日本海　　太平洋

がある。また，日本はフィリピンの　北東　　南西　にある。

　島と大陸のちがいは_____だ！

★かるたを作って対戦しよう！

☑問9　日本はどんな国？　クイズで学ぼう！①　（〇×をしよう）

　　①日本で一番北にあるのは北海道，一番南にあるのは東京都である　☐

　　②日本には島が6800ほどあるといわれていたが，現在の技術で数えなおす

　　　と14000以上あることが分かった　☐

　　③日本に一番近い国の一つである韓国とは，海底をトンネルでつなぐ案が

　　　何度もとなえられている　☐

④日本の東のはし，南鳥島のかつての特産品は，
　　ヤシ油と鳥のふんである　□

✅問10　教科書や資料集を見て答えよう。

①日本は周りを　太平洋　　インド洋　などの海に囲（かこ）まれている島国である。

②日本は北海道，　木州　　本州　，四国，九州の４つの大きな島と，沖縄
　　や択捉をはじめとする多くの島からなる　東西　　南北　に長い国である。

③日本の海岸線の長さは約3.5万km で長く，世界で　6　　10　番目だ。

④自分の国の海岸線から　200m　　200海里　は排他的経済水域（はいたてきけいざいすいいき）とよばれ，
　　漁業や資源開発をその国が自由に　行える　　行えない　。

⑤北方領土や竹島は日本の　固有　　共有　の領土（りょう）である。

★日本の東西南北のはしを確認しよう！

①日本の北のはしは＿＿＿＿＿＿島　②日本の南のはしは＿＿＿＿＿＿島

③日本の西のはしは＿＿＿＿＿＿島　④日本の東のはしは＿＿＿＿＿＿島

★日本のかるたを作ろう①〜位置，周りの○○編〜

★作ったかるたで対戦しよう！

✅問11　日本はどんな国？　クイズで学ぼう！②（○×）

　　①日本最大の平野は，東京都のある関東平野だ　□

　　②大阪平野はもともと海だったので，
　　　　山の近くからクジラの化石が出る　□

　　③日本に活火山はない　□

　　④日本には，自然の中でも１年中雪がとけない場所がある　□

　　⑤日本は先進国ではトップクラスの森林率（りつ）を持つ国だ　□

✅問12　教科書や資料集を見て答えよう。

①日本の　はし　　中心　に多くの山脈（みゃく）や山地がある。

②日本の国土の４分の３は　山地　　平地　である。

③火山は中部地方や　九州　　近畿　地方に多い。

★日本のかるたを作ろう②〜山地，平地編〜

✓ 問13　日本はどんな国？　クイズで学ぼう！③（○をしよう）

①日本の川は，世界と比（くら）べて長く，流れがゆるやかだ

②日本で一番長い川は信濃（しなの）川だが，一番大きい川は利根（とね）川だ

③琵琶（びわ）湖は，河川法（かせん）上は湖ではなく川で，漁業法上は湖ではなく海だ

④関東平野を流れる利根川は，徳川家康によって今の流れにかえられた

✓ 問14　教科書や資料集を見て答えよう。

①日本の川は世界に比べて長さが　長く　　短く　，

流れが　急　　ゆるやか　だ。

②日本で一番長い川は　信濃川　　利根川　だ。

★日本のかるたを作ろう③〜川，湖編〜

国　土

0 1 / 2　低い土地と高い土地のくらし
─住む場所によって何が違うのかを考える─

　4年生まででは，自分の手が届く範囲＝住んでいる地域について，「地域というのは，①地理的な位置 ②産業 ③発展に尽くした人 等の視点で分析すればいいんだな」ということを学習しました。5年生ではさらに客観的に地域を見ることが必要です。それはつまり，「あぁ，住む場所の気候や環境によって，くらしにこんな影響があるんだな」ということが分かればOKだということです。そして，それぞれの地域には特徴があり，それでもそこに住み続けてきた人々の努力に触れられるとよいでしょう。

ここで使える！ネタ一覧

大ネタ：自分の住む地域と低地（高地）の地域，住むならどっち？

中ネタ：低地の代表，輪中地域に伝わる「輪中根性」の意味とは？（低地）

　　　　：「輪中根性」に対抗!?「高地根性」の意味をつくろう！（高地）

　　　　：低地（高地）のくらしは悪いことばかりなのか？

　　　　：「日本一貧乏な村」といわれた嬬恋村はなぜ汚名返上できたか？

　　　　　　　　　　　　　　　　　　　　　　　　　　　　　　（高地）

小ネタ：「空飛ぶ仏壇」「空飛ぶ舟」の正体とは？（低地）

　　　　：家の南北は障子に。その輪中ならではの理由とは？（低地）

　　　　：海津市の，親子で楽しく参加できる「砂防フェア」とは？

　　　　　　　　　　　　　　　　　　　　　　　　　　　　　　（低地）

番外ネタ：「野辺山高原サラダ街道」とは何か？

　　　　　：野辺山名物「空飛ぶレタス」とは？

自分の住む地域と低地（高地）の地域，住むならどっち？

　よくある実践は，「低地と高地」を比較させる授業です。しかし，社会科としてそれだけでは十分ではありません。「4年生のときに学習したレンズを使って5年生の学習を見る」，これが必要なのです。それが，「自分の地域のくらしと学習する地域のくらしを比べる」ことです。したがって，単元の最初には自分の地域の学習の復習から始めるとよいでしょう。そうすると，「産業でも，工業は自分の地域の方がいいけれど，農業は負けているなぁ……」などというふうに，授業の中だけではなく，実際の社会を見るときに用いることができるようになります。ちなみに，「自分は低地（高地）に住んでいるから，学習が4年生のときと被る！」という場合，低地の地域の方は高地の学習を，高地の方は低地の学習を行うことによって，学習が進めやすくなります。もちろん，答えは「どちらも素晴らしい」のですが，立場を決めることで考えが深まるのがポイントです。

低地の代表，輪中地域に伝わる「輪中根性」の意味とは？

　「輪中根性」と聞けば，排他的な気質というようなネガティブなイメージをもつ人もいるかもしれません。しかし，注目すべきは「一致団結して水害から集落を守る」という水防意識です。

　「小ネタ」で紹介する「空飛ぶ仏壇」や「空飛ぶ舟」は，「上げ仏壇」「上げ舟」と呼ばれ，洪水のときに仏壇を2階に引っ張り上げる仕組み，そして移動のための舟を軒にかけておくという普段からの水害に対する備えです。教科書などで紹介される「水屋」の中には，「味噌部屋」と呼ばれる食料を置いておく部屋，寝られる部屋などの設備がありました。もちろん，これは中流以上の裕福な家のこと。では，比較的貧しい人たちは洪水のときどうしたのでしょう。そのような人のためにも「助命壇」という共同の避難場所がありました。また，現在でも見られる「決壊碑」は，「決壊した場所は再び

決壊しやすい」ということから，後世に経験を伝える知恵ともいえるのです。

💡 低地（高地）のくらしは悪いことばかりなのか？

　低地や高地の学習を教科書通りに進めていくといつも，「なんでこんなところにわざわざ住んだのだろう」と言う子が出てきます。今はまだしも，かつての厳しい環境でなぜ人が住み続けたのか？　歴史を紐解けば，海津にも嬬恋にも何千年も前から人は住み続けているのです。そんな場所に住み続けたのはきっとメリットもあったから。その理由を人の営みとともに考えてみましょう。

参考文献・資料　（Webサイトは2023年10月24日最終閲覧）
○国営木曽三川公園HP｜水屋（輪中の農家）
　（https://www.kisosansenkoen.jp/~center/mkisosansenasobu_mizuya.html）
○ぎふチャン公式チャンネル｜岐阜の名景 #9（輪中の農家）
　（https://www.youtube.com/watch?app=desktop&v=BRDbT1LQeA0）
○海津市歴史民俗資料館｜小学5年社会科「土地の低い地域」へのアプローチ
　（https://www.city.kaizu.lg.jp/kosodate/cmsfiles/contents/0000000/636/teichinokurashi.pdf）
○NHK for School｜輪中を守るしくみ～高須輪中排水機場～
　（https://www2.nhk.or.jp/school/watch/clip/?das_id=D0005310878_00000）
○農業農村整備情報総合センター｜水土の礎／水から土地を守る，輪中
　（https://www.suido-ishizue.jp/daichi/part2/03/06.html）
○フジクリーン工業「水の話」No.177
　（https://www.fujiclean.co.jp/water/area/pdf/177/177_10.pdf）
○ミツカン　水の文化センター　機関誌『水の文化』13号｜輪中の智恵を伝えるリスクコミュニケーション　（https://www.mizu.gr.jp/kikanshi/no13/08.html）
○宝島社｜田舎暮らしの本Web／岐阜県海津市で，親子で楽しく参加できる「砂防フェア in かいづ」を開催！　（https://inakagurashiweb.com/archives/30533/）
○嬬恋村観光協会「ツマタビホーリータイムズ」創刊号
　（https://tsumatabi.com/wp/wp-content/uploads/2019/01/holytimes.pdf）
○嬬恋村観光協会HP　（https://www.tsumagoi-kankou.jp）
○JA嬬恋村HP　（https://jatsumagoi.jp）

○JA 長野八ヶ岳 HP　（https://www.ja-yatugatake.iijan.or.jp）

○長野県南佐久郡南牧村 HP｜南牧村の歴史

　（https://www.minamimakimura.jp/main/about/history.html）

単元プランの実際（低地）

第1時 （導入）	［中ネタで導入］ ○輪中にくらす人々のもつ「輪中根性」とはどんな根性？ ［大ネタでつかむ］ ○自分の住む地域と低地の地域，住むならどっち？
第2時	［小ネタで導入］ ○なんで空を飛ぶ？を考えるクイズ ○「空飛ぶ仏壇」「空飛ぶ舟」さて，どんなもの？ ［大ネタで深める］ ○自分の住む地域と低地の地域，住むならどっち？
第3時	［小ネタで導入］ ○ウソを見抜け！　輪中地域のくらしの工夫とは？ ［大ネタで深める］ ○自分の住む地域と低地の地域，住むならどっち？
第4時	［小ネタで導入］ ○ウソを見抜け！　輪中地域の意外な一面とは？ ［中ネタ（発問）で立ち止まる］ ○低地の人々にとって，水は敵か味方か？ ［大ネタでまとめる］ ○自分の住む地域と低地の地域，住むならどっち？

授業展開と発問例（低地）

⏱第1時

発問 「日本語にはその地域の特徴を表す言葉がある。言葉の意味を選ぼう」

①肥後もっこす（一度決めたら曲げない。熊本県民の気質を指す。）

②秋田美人（秋田の女性は日本三大美人といわれる。）

③かかあ天下とからっ風（群馬では蚕生産と機織りで女性が男性より稼いでおり，家を守る働き者だった。）

④大阪の食い倒れ（大阪の人は食べ物にぜいたくをしてお金を使い切ってしまう。）

　これをシャッフルして意味を結ばせる活動から始めます。このように，地

域の様々な特色がその地に住む人の気質を決めることがあると考えられてき
たことに注目させましょう。

[発問]「低地の特徴的な地域に『輪中』がある。さて，そこにくらす人々の
もつ『輪中根性』とはどんな根性？」
と問います。簡単に想像させた後，教科書を読んで答えをじっくり考えさせ
ます。そして，

[発問]「自分の住む地域と低地の地域，住むならどっち？」
と聞いて本時のまとめとしましょう。

⏱第2時

　導入発問です。

[クイズ]「なんで空を飛ぶ？を考えるクイズ①」
①空飛ぶ金魚（香川県宇多津のゴールドタワーの展望台にいる金魚）
②空飛ぶくりーむパン（広島空港限定のおみやげ）
③空飛ぶ木馬（中国の童話）

[クイズ]「なんで空を飛ぶ？を考えるクイズ②」
　「『空飛ぶ仏壇』『空飛ぶ舟』さて，どんなもの？」
と問いましょう。ちなみに，前の発問で「飛行機で運ばれる」とか，「飛行
船のこと」などという言葉が出てくるかもしれません。そして，輪中地域の
「上げ仏壇」「上げ舟」の写真を見せましょう。ちなみに上げ仏壇と上げ舟を
「空飛ぶ」と呼んだのは筆者によるもので，現地でそう呼ばれているわけで
はありません。写真や動画で実際の上げ仏壇，舟を見せた後，「なぜこんな
ことをしなくてはならないのか」と問い，教科書を読む活動につなげます。
人々が集まる「助命壇」や，母屋は南北が障子になっている理由も伝えてあ
げるとよいでしょう。その後，大ネタで深めます。

[発問]「自分の住む地域と低地の地域，住むならどっち？」
と問います。ここでは「低地のくらし」に関しては，過去の様子，自然との
たたかい，くらしの工夫の点から理由が出てくるとよいでしょう。

🕐第3時

導入です。

クイズ 「ウソを見抜け！ 輪中地域のくらしの工夫とは？」

①輪中地域では，稲作のときに舟で移動する「堀田の田舟農業」の伝統がある

②輪中地域に設置されている排水のポンプは，5台使うと25mプールを5秒で空（から）にするパワーがある

③輪中地域の中には，との様が輪中の人を守るために，ひどい洪水のとき，自分の土地に水が流れるように堤防の高さを変えたところがある

　答えは，③がウソ。逆に，場所によっては親藩である尾張に水が来ないように，美濃側は堤防を約1m低くするとされたのです（御囲堤）。そして，教科書を読んで農業の様子を確認します。最後に大ネタで深めましょう。

発問 「自分の住む地域と低地の地域，住むならどっち？」

　前時の学習内容（くらしの工夫）＋農業の工夫が入ればよいでしょう。

🕐第4時

クイズ 「ウソを見抜け！ 輪中地域の意外な一面とは？」

①親子で楽しく参加できる「砂防フェア」など，自分たちが自然と向き合ってきた歴史を生かしたイベントを企画している

②数ある輪中地域の中には，洪水の後に収穫量が増えたという記録がある地域もある

③海津市の人にとって水は敵だったため，かつて水は縁起の悪いものとする祭りも各地で行われていた

　ウソなのは③。答えを提示するより前に教科書を読むのもよいでしょう。そして，

発問 「低地の人々にとって，水は敵か味方か？」

　輪中の地域だけでなく，全国，全世界の低地の人々にとって水は切っても切り離せない，ともに生きていくかけがえのないものだといえるでしょう。

その後，大ネタでまとめます。

発問 「自分の住む地域と低地の地域，住むならどっち？（くらしの工夫，農業の工夫，水が多いことの弱みを強みに，という部分を合わせて）」

　これで単元のまとめとします。単元の学習をすべて入れられればいいですね。

単元プランの実際（高地）

第1時 （導入）	［中ネタで考える素地をつくる］ ○100年前「日本一貧しい村」といわれた村があった。その村が今は全国でも有名な豊かな村に。さて，何をした？ ［大ネタで深める］ ○自分の住む地域と高地の地域，住むならどっち？
第2時	［中ネタで考える素地をつくる］ ○100年前「日本一貧しい村」といわれた村があった。さて，その理由は？ ［中ネタ（発問）で立ち止まる］ ○嬬恋村の特徴は悪いことばかりなのか？　いいこともあるのか？ ［大ネタで深める］ ○自分の住む地域と高地の地域，住むならどっち？
第3時	［小ネタで導入］ ○ウソを見抜け！　キャベツってどんな植物？ ［中ネタ（発問）で深める］ ○嬬恋村の特徴は悪いことばかりなのか？　いいこともあるのか？ ［大ネタで深める］ ○自分の住む地域と高地の地域，住むならどっち？
第4時	［小ネタで導入］ ○ウソを見抜け！　嬬恋村の秘密とは？ ［中ネタ（発問）で深める］ ○嬬恋村の特徴は悪いことばかりなのか？　いいこともあるのか？ ［大ネタでまとめる］ ○自分の住む地域と高地の地域，住むならどっち？ ○追加発問：「輪中根性」に対抗!?「高地根性」の意味をつくろう！

授業展開と発問例（高地）

発問 「100年前『日本一貧しい村』といわれた村があった。その村が今は全国でも有名な豊かな村に。さて，何をした？」

これはフリーで考えさせると面白いかもしれません。ヒントとして村章を見せて「この形にヒントがある」と言ってもよいでしょう。そして，教科書を読みます。農業の村なのに稲ではなく畑作がほとんどすべてという，土地利用には必ず触れてください。終わったら簡単なクイズをしましょう。

[クイズ]「嬬恋村で毎年7月から10月末に作られるキャベツの数は？」
と聞き，想像させましょう。答えは約1億5000万個。その後，

[発問]「自分の住む地域と高地の地域，住むならどっち？」
と聞いて本時のまとめとしましょう。

🕐 第2時

[発問]「100年前『日本一貧しい村』といわれた村があった。さて，その理由は？」

A：寒い　　B：火山灰が積もっている　　C：水がない

D：周りの地域とつながる道が細かったり，なかったりした

　答えはAとBとD。教科書を読みながら答え合わせをすればよいでしょう。そして中ネタ（発問）で立ち止まります。

[発問]「嬬恋村の特徴は悪いことばかりなのか？　いいこともあるのか？」

　ここで気候を生かした農業以外の産業についても触れます。最後に，

[発問]「自分の住む地域と高地の地域，住むならどっち？」

　ここでは「気候を生かす産業」に関して出てくればよいでしょう。

🕐 第3時

　ここではまず，「キャベツ」という植物に着目して導入にしてみましょう。

[クイズ]「ウソを見抜け！　キャベツってどんな植物？」

①最初は観賞（見るだけ）用に使われた　②実はブロッコリーの仲間

③嬬恋村のキャベツ収穫のピークは夏　④キャベツは夏野菜

　ウソは④。他の地域との差に気づかせたいところです。そこで追加発問。

[発問]「なぜ嬬恋村では夏に育てられるのか？」

と尋ねましょう。難しそうであればヒントを与えましょう。「嬬恋村は，夏でも＿＿＿＿＿から」と穴あき型にしてもよいでしょう。ここで答えを伝えてもよいですが，教科書を読んで気づかせるのがベターだと思います。さらに，教科書ではキャベツづくりの他の工夫を整理します。「気候が産業に関係する」ということにも触れましょう。そして中ネタ（発問）で深めます。

[発問]「嬬恋村の特徴は悪いことばかりなのか？ いいこともあるのか？」

　地域の特徴（ここでは気候や土壌）を利用して産業を行えば，むしろ強みにできることに気づかせましょう。最後に，

[発問]「自分の住む地域と高地の地域，住むならどっち？」

と尋ねます。「弱みを強みに」ということに気づけばよいでしょう。

🕐 第4時

　小ネタで導入します。今回も「ウソを見抜けシリーズ」です。

[クイズ]「ウソを見抜け！ 嬬恋村の秘密とは？」

①日本一のキャベツの産地である

②15年以上続くマラソン大会の名前は「キャベツマラソン」

③給食で嬬恋村産キャベツは出ない

④夏もスキーのリフトを使って高原植物を見られる

　ウソは③。出ます。そして教科書を読み，中ネタ（発問）で深めます。

[発問]「嬬恋村の特徴は悪いことばかりなのか？ いいこともあるのか？」

　前時では農業に特化していましたが，今回は観光にも生かしていることに着目させましょう。「農業」「観光業」，2つの産業に気候を生かしているのです。

　最後に大ネタでまとめましょう。

[発問]「自分の住む地域と高地の地域，住むならどっち？」

と，今回は観光と気候の関係に触れます。もし時間があれば，「『輪中根性』に対抗!? 『高地根性』の意味をつくろう！」の活動を入れてもよいでしょう。

028

授業をもっと楽しくする +α ネタ

国土

! 輪中根性に対抗!?「高地根性」の意味をつくろう！

　嬬恋村が「日本一貧しい村」といわれたように，教科書で取り上げられる嬬恋村や野辺山原などの高地のくらしは決して楽なものではありませんでした。2か所に共通するのは高地であり，さらに火山灰土壌であることです。これが米づくりには向かないという決定的な要因となっていました。しかし，教科書では低地以上に，高地ではその短所を長所とする工夫によって現在の発展につなげたことが描かれています。そこで，「『高地根性』という言葉が辞書に載るとしたらどんな意味になる？」と，聞いてみましょう。キーワードを設定して答えさせ，その理由も問うことで内容面のまとめにもなります。

! 長野県の野辺山原から高地のくらしを学ぶ

　有田和正先生が教材化したことでも有名な野辺山原。基本の構造は先に取り上げた嬬恋村と同じです。ただ，使うネタを少し変える必要があります。例えば，「長野県にある『野辺山高原サラダ街道』という道。実はこの道の周りではたくさんの野菜が育てられている。さて，どんな野菜？」などはどうでしょう。もしくは，JA長野八ヶ岳のキャラクター「ななちゃん」の画像を見せて，「なぜこの野菜は空を飛んでいるのだろう？」と尋ねてもよいでしょう。どちらも高原野菜の特徴に迫れるネタです。

　他にも，[①野辺山原は戦争中，軍隊の秘密基地だった ②野辺山原には昔，競馬場があった ③野辺山原にあるJA長野八ヶ岳の広報誌の名前は，『レタス』④野辺山原の野菜は，「太陽に一番近い野菜たち」と呼ばれている]これらはすべて本当ですから，ここにウソを織り交ぜると2時間分の「ウソを見抜け！」クイズになります。主発問などは同じです。

029

低い土地のくらし

組　名前（　　　　　　　　　　）

☑️問１　日本語にはその地域の特ちょうを表す言葉がある。言葉の意味を下から選ぼう。

①肥後もっこす　②秋田美人　③かかあ天下とからっ風　④大阪の食い倒れ

（　　　　）　　　（　　　）　（　　　　）　　　　（　　　　）

> A：一度決めたら曲げない。熊本県民の気質を指す。
>
> B：群馬では蚕生産とはたおりで女性が男性よりかせいでおり，家を守る働き者だった。
>
> C：秋田の女性は日本三大美人といわれる。
>
> D：大阪の人は食べ物にぜいたくをしてお金を使い切ってしまう。

☑️問２　低地の特ちょう的な地域に「輪中」がある。さて，そこにくらす人々のもつ「輪中根性」とはどんな根性？

輪中根性とはたぶん，＿＿＿＿＿＿＿＿＿＿＿＿＿＿＿＿＿＿＿＿だ。

☑️問３　教科書や資料集を見て答えよう。

①海津市は３つの大きな＿山　　川＿の下流にある。

②海津市は，川と川にはさまれた土地の多くが海面より

　＿高く　　低く＿，日本を代表する低地の一つ。

③堤防に囲まれたこのあたりの土地は＿輪中　　輪外＿とよばれている。

☑️問４　自分の住む地域と低地の地域，住むならどっち？

自分　　低地

✓問5　なんで空を飛ぶ？を考えるクイズ①

①空飛ぶ金魚　（_____金魚）

②空飛ぶくりーむパン　（_____）

③空飛ぶ木馬　　　　　（_____）

✓問6　なんで空を飛ぶ？を考えるクイズ②

「空飛ぶ仏壇」「空飛ぶ舟」さて，どんなもの？

○空飛ぶ仏壇　（_____）

○空飛ぶ舟　　（_____）

★「空飛ぶ仏壇」「空飛ぶ舟」の実際の写真を見てみよう！

✓問7　教科書や資料集を見て答えよう。

①海津市を囲む３つの川は_____，_____，_____である。

②海津市の人々はたびたび起こる　水害　火事　になやまされたので，堤防を築くなどの　道路　治水　工事を行い，くらしを守ってきた。

③最近では水害の心配が　多く　少なく　なってきた。

④地域の消防団は洪水などに備えて　水防訓練　消防訓練　を行っている。

⑤昔は，洪水が起こっても避難などができるように，　石垣　がけ　の上に「水屋」とよばれる建物をつくって備えていた。

✓問8　自分の住む地域と低地の地域，住むならどっち？

自分　　低地

✓問9　ウソを見ぬけ！　輪中地域のくらしの工夫とは？

①輪中地域では，稲作のときに舟で移動する「堀田の田舟農業」の伝統がある

②輪中地域に設置されている排水のポンプは，5台使うと25mプールを5秒で空にするパワーがある

③輪中地域の中には，との様が輪中の人を守るために，ひどい洪水のとき，自分の土地に水が流れるように堤防の高さを変えたところがある

ウソなのは＿＿＿＿＿だ！

✓問10　教科書や資料集を見て答えよう。

①水が豊かな輪中では昔から＿稲作＿　観光　を行ってきた。しかし，昔は＿排水（水を流す）＿　給水　が十分にできず，＿沼＿　白鳥　のような土地だった。

②昔は土を積み上げて田んぼをつくり，ほったところを＿舟＿　車　で移動していたが，現在は，水路はうめ立てられて広い農地になっている。

③現在は＿排水機場＿　そうじ機　ができて輪中の水はけがよくなったので，米だけでなく＿牛乳やチーズ＿　野菜や果物　も生産されている。

④海津市のような低地でくらす人々は，その環境を＿敵に＿　生か　して生活している。

✓問11　自分の住む地域と低地の地域，住むならどっち？

自分　　低地

✅ 問12　ウソを見ぬけ！　輪中地域の意外な一面とは？

①親子で楽しく参加できる「砂防フェア」など，自分たちが自然と向き合ってきた歴史を生かしたイベントを企画している

②数ある輪中地域の中には，洪水の後に収穫量が増えたという記録がある地域もある

③海津市の人にとって水は敵だったため，かつて水は縁起の悪いものとする祭りも各地で行われていた

ウソなのは＿＿＿＿＿だ！

✅ 問13　教科書や資料集を見て答えよう。

①海津市や周りの地域では，川ぞいにレクリエーションを楽しめる施設が　＿多い＿　少ない　。

②海津市や周りの地域には，たくさんの人々がその　＿街なみ＿　自然　を楽しむことができる施設がある。

③海津市では豊かな　お金　＿水＿　を強みにして生かし，農業や観光業などの　＿産業＿　行動　が行われている。

✅ 問14　低地の人々にとって，水は敵か味方か？　　　　敵　　味方

理由

✅ 問15　自分の住む地域と低地の地域，住むならどっち？　　　　自分　　低地

高い土地のくらし

組　名前（　　　　　　　　　　　）

✓ **問 I**　100年前「日本一貧しい村」といわれた村があった。その村が今は全国でも有名な豊かな村に。さて，何をした？

　　　　　　　　　　　　　　　　　　　　　　　　　　　した。

✓ **問 2**　教科書や資料集を見て答えよう。

①嬬恋村は周りを高さが1000ｍ以上ある　高い山　長い川　に囲まれた，溶岩と　汚泥　火山灰　が積もってできた土地である。

②嬬恋村は，もともとは栄養分が　少ない　多い　やせた土地で，農業には適していなかったため，人々は　豊かな　貧しい　生活をしていた。

③現在の嬬恋村では，　稲作　畑作　がさかんで，特に　キャベツ　ごぼう　づくりがさかんに行われている。

④嬬恋村は，I年を通して　すずしい　暑い　気候である。

✓ **問 3**　嬬恋村で毎年７月から10月末に作られるキャベツの数は？

　　　　　　　　　　　　　　　　　　　　　　　　　個

✓ **問 4**　自分の住む地域と高地の地域，住むならどっち？

　　　　　　　　　　　　　　　　　　　自分　高地

✅**問5　100年前「日本一貧しい村」といわれた村があった。**
　さて，その理由は？（〇をしよう）
　　A：寒い　　B：火山灰が積もっている　　C：水がない
　　D：周りの地域とつながる道が細かったり，なかったりした

✅**問6　教科書や資料集を見て答えよう。**
①嬬恋村は火山灰のえいきょうで土地が＿＿こえて＿＿＿やせて＿＿いて，なかな
　か作物が育たなかった。
②そこで，村の人々が農地を耕して＿＿減らし＿＿増やし＿＿たり，道を整えた
　りしていくと，しだいに村は豊かになっていった。
③嬬恋村のキャベツ生産は，高原の夏でも＿暑い＿＿すずしい＿気候を生か
　した栽培の工夫がなされ，＿＿周りの地域にだけ＿＿＿全国に＿出荷されてい
　る。

✅**問7　嬬恋村の特ちょうは悪いことばかりなのか？**
　いいこともあるのか？　　　　　悪いことばかり　　いいこともある

理由

✅**問8　自分の住む地域と高地の地域，住むならどっち？**
　　　　　　　　　　　　　　　　　　　　　　　自分　　高地

✓ 問9　ウソを見ぬけ！ キャベツってどんな植物？

①最初は観賞（見るだけ）用に使われた　②実はブロッコリーの仲間

③嬬恋村のキャベツ収穫のピークは夏　④キャベツは夏野菜

ウソなのは_____だ！

✓ 問10　なぜ嬬恋村では夏に育てられるのか？

> 嬬恋村は，
>
> から。

✓ 問11　教科書や資料集を見て答えよう。

①嬬恋村の夏の平均気温はキャベツの育つ気温と　近い　　遠い　ので，他

の地域でキャベツの出荷が　多い　　少ない　時期に出荷できる。

②キャベツの収穫は　人の手　　機械　で行われる。

③キャベツの出荷は　常温　　低温　輸送車で行われる。

④嬬恋村は「夏でもすずしい」ということを　強み　　弱み　として，

　気候　　動物　を生かした農業を行っている。

✓ 問12　嬬恋村の特ちょうは悪いことばかりなのか？ いいこともあるのか？

悪いことばかり　　いいこともある

> 理由

✓ 問13　自分の住む地域と高地の地域，住むならどっち？

自分　　高地

✅問14　ウソを見ぬけ！　嬬恋村のひみつとは？

①日本一のキャベツの産地である

②15年以上続くマラソン大会の名前は「キャベツマラソン」

③給食で嬬恋村産キャベツは出ない

④夏もスキーのリフトを使って高原植物を見られる

ウソなのは　　　　　だ！

✅問15　教科書や資料集を見て答えよう。

①嬬恋村では，高い土地ならではの　自然や気候　　ながめや空気　を生活
に生かしている。

②嬬恋村には特に　夏　　冬　に人が多くおとずれる。

③夏には暑さを　求めて　　さけて　人々がおとずれ，冬はスキーをしに観
光客がおとずれる。

④このように，嬬恋村では観光にも　自然や気候　　ながめや空気　を生か
して生活している。

✅問16　嬬恋村の特ちょうは悪いことばかりなのか？
いいこともあるのか？　　　　悪いことばかり　　いいこともある

理由

✅問17　自分の住む地域と高地の地域，住むならどっち？

自分　　　高地

国 土

01-3 日本の気候の特色
―あなたはどの都道府県に住みたい？―

　日本は，場所によって気候が大きく異なります。教科書によっては低地・高地のくらしの学習の後にこの単元が位置します。もしくはこの単元が他の単元内に入るものもあるでしょう。それぞれで利用の方法を選んでいただけたらと思います。（筆者は，本来は低地・高地のくらしの前に学習すべきだと考えます。）

ここで使える！ネタ一覧

大ネタ：あなたはどの都道府県に住みたい？

中ネタ：桜写真家の中西さん。福島から長野に引き返したのはなぜ？

小ネタ：北風小僧の〇太郎。さて，何が入る？

　　　　：幸せのジューンブライド。実は結婚式場の作戦だった!?

　　　　：日本列島は日本海側の積雪のせいで思わぬ影響。さて，何？

　　　　：日本ため池数ランキング!!「兵庫」「広島」「香川」なぜ多い？

💡 あなたはどの都道府県に住みたい？

　私たちは日本を狭い国だと思っていますが，決してそんなことはありません。面積でいっても世界の200近くある国の中で約60番目と覚えておけば間違いありませんが，これは十分に大きいといえるでしょう。例えば，前単元でも利用した「THE TRUE SIZE OF…」というサイトで確かめると，ヨーロッパのほとんどの国よりも大きいことが分かります。そんな日本ですから，当然地域によって気候が異なり，文化も異なります。さて，皆さんはどの都道府県に住んでみたいでしょう。自分の住む都道府県以外で考えてみると面

白いでしょう。最初は「芸能人に会いたいから東京！」など，学習内容と遠い意見が出るかもしれませんが，単元の終わりには学習する「各地の気候の特色」を入れて理由を述べさせれば学習の成果も見られるでしょう。

桜写真家の中西さん。福島から長野に引き返したのはなぜ？

　これは NHK for School で視聴可能ですので，後に示している QR コードから動画を視聴してください。この動画では，開花した桜を撮影するために日本の南からスタートした中西さんが，福島県で突如長野県に引き返すところが山場となっています。いうまでもなく桜は暖かい地域から順番に開花していきます。子供たちも何となく「南＝暖かい，北＝寒い」と考えています。日本は南北に長いですから，気候に差があるのです。この感覚は（北半球においては）間違いないでしょう。ところが，長野県はその緯度と関係なく，周辺との高低差による冷涼な気候が特徴です。ですから，桜の開花も周りの県よりも遅くなるというからくりです。ここで子供たちは，「気温は南北だけではなく上下（標高）の影響を受ける」ということに気づけるのです。

北風小僧の○太郎。さて，何が入る？

　皆さんは「北風小僧の寒太郎」という童謡を知っているでしょうか。これは冬の寒さが演歌調で歌われるという子供ながら耳に残るもので，しかも堺正章さんや北島三郎さんが歌うという何とも不思議な歌でした。さて，問題は，ほとんどの子供たちにとって「北風は寒い」という認識はあるものの，意識されたことがありません。日本の気候の学習において「北は寒い，南は暖かい」ということを勉強するのはここが初めて。3 番まである歌詞の言葉を予想させることで，この認識をみんなで合わせましょう。そしてさらに発展させたければ，「北風小僧の寒太郎は，どの季節の，どの地方を旅しているか」と問うのです。そうすると，「冬の日本海側！！」と出てくるでしょう。

根拠には，各教科書で示される夏と冬の風の特徴を示せたらばっちりです。そして，あわせて，「南風小僧の暖太郎」の歌詞を一部考えさせましょう。これは筆者が考えたキャラクターです。設定は，「夏の太平洋側に現れる」というものです。自由に，できればグループで考えさせれば楽しいでしょう。

💡 幸せのジューンブライド。結婚式場はなぜ６月にこだわった？

「ジューンブライド＝６月の花嫁」は，「６月に結婚をすると幸せにくらせる」というヨーロッパの伝承が元になっています。様々な説はあれど，ヨーロッパでは６月は気候がいい季節であるというのが大きな理由でしょう。では，日本ではどのように広まったのでしょう。実は1960年代まで，日本では６月の挙式は人気がありませんでした。それはなぜか？　そう，日本には梅雨があり，決して結婚のためにいい気候であるとはいえないからです。結婚式の数が少なくなる６月に少しでも数を増やそうと結婚式場が利用したのが，ヨーロッパの「ジューンブライド」だったのです。このジューンブライドが日本で広まったエピソードから，「日本には時期によって特徴的な気候がある」というふうに導くのです。そして，「他に，『この時期に○○が多い』というものはあるかな？」などと問い，秋の台風などに気づければよいでしょう。

💡 日本列島は日本海側の積雪のせいで思わぬ影響。さて，何？

これは，「季節性荷重変形が起こる」というもの。日本測地学会のテキストから簡単に説明すれば，「日本の冬に積もる雪が重たすぎて日本列島が凹み，かつ縮む」という驚きの事実です。これはGPSによる測量によってはっきり分かるそう。東北から北陸にかけての日本海側は，世界で有数の豪雪地帯で，これが日本海側の気候の特徴でもあります。驚きの事実から気候の特徴に目を向けさせましょう。

日本ため池数ランキング!!「兵庫」「広島」「香川」なぜ多い？

　日本のため池数ランキングは，兵庫県のHPによれば1位兵庫県，2位広島県，3位香川県，4位岡山県，5位山口県です。さて，1位から5位までの地域が集中しているのが分かるでしょうか。また，この後は宮城県が入るものの島根県，福岡県などがそれに続きます。白地図に色を塗ると分かりますが，これらのほとんどは瀬戸内海周辺に固まっていることが分かります。兵庫県のHPがその理由を教えてくれます。それは，「瀬戸内地方は降水量が少なく，田畑を潤し，安定して作物を収穫するためには，ため池が必要不可欠だった」ということ。つまり「特徴的な瀬戸内海の気候が影響している」のです。授業では「○○が多いランキング!!」という導入から入り，適当なヒントを与えながら正解にたどり着いた後は，例えば「なぜため池が多いの？」と直球で問うことで熱中度を上げていきます。そこから白地図を利用し，瀬戸内地域に固まっていることに気づかせ，「実は瀬戸内の気候と関係があるんだよ」と導いていけばよいでしょう。

　他にも，河原和之氏の「『ホテルマウント富士』の『富士山が見えなかったら無料宿泊券プレゼント』」を紹介する実践から，同様の流れで「太平洋側気候」の特徴に気づかせることもできます。

参考文献・資料　（Webサイトは2023年10月27日最終閲覧）
○ NHK for School｜桜を追いかけて日本一周　　　　　　　　　　　　QRコード→
　（https://www2.nhk.or.jp/school/watch/clip/?das_id=D0005311470_00000）
○ Leventhal Map & Education Center｜Bending Lines
　（https://www.leventhalmap.org/digital-exhibitions/bending-lines/）
○日本測地学会｜Webテキスト「測地学」／第3部応用編　荷重変形—陸水による荷重変形
　（https://geod.jpn.org/web-text/part3_2005/heki/heki-2.html）
○農林水産省｜ため池とは
　（https://www.maff.go.jp/j/nousin/bousai/bousai_saigai/b_tameike/attach/pdf/index-46.pdf）
○兵庫県HP｜ため池と地域の暮らし
　（https://web.pref.hyogo.lg.jp/recommend/learn/learn01.html）

単元プランの実際

第1時 （導入）	[大ネタで導入] ○あなたはどの都道府県に住みたい？ [中ネタで深める] ○桜写真家の中西さん。福島から長野に引き返したのはなぜ？ [発問で深める] ○桜が咲く時期が違うのは，○○が違うから。さて，何が入る？ ※応用で，「もし紅葉写真家ならどうなる？」と示してもよい。 [大ネタでまとめる] ○あなたはどの都道府県に住みたい？
第2時	[小ネタで導入] ○北風小僧の○太郎。さて，何が入る？ ○南風小僧の暖太郎。さて，どんな歌詞？ [小ネタで広げる] ○幸せのジューンブライド。結婚式場はなぜ6月にこだわった？ [発問で気づかせる] ○他に，この季節には○○が多い！というものはあるか？ [大ネタでまとめる] ○あなたはどの都道府県に住みたい？
第3時	[小ネタで導入] ○日本列島は日本海側の積雪のせいで思わぬ影響。さて，何？ [小ネタで広げる] ○日本ため池数ランキング!!「兵庫」「広島」「香川」なぜ多い？ ※時間があれば追加ネタ…… ○「ホテルマウント富士」，冬に行われる驚きのキャンペーンとは？ [小ネタで広げる] ○気候は季節と○○によって異なる。さて，何が入る？ [大ネタでまとめる] ○あなたはどの都道府県に住みたい？

授業展開と発問例

🕐第1時

導入発問です。

発問 「あなたはどの都道府県に住みたい？」

あくまでイメージで選ぶとよいでしょう。理由も，簡単なもので OK で
す。なぜならこの時点で子供たちはすべての都道府県の名前は知っています

が，産業や歴史など，どんな都道府県なのかを知っているのは自分の住むところだけだからです。気候の特徴に触れていない回答も多いでしょう。そこで，「都道府県と気候」のつながりに気づかせるために，p.41のQRコードを読み取って動画を視聴します。中西さんが福島から長野に引き返すシーンでストップして，

発問 「桜写真家の中西さん。福島から長野に引き返したのはなぜ？」
と問います。ここでは，「次に長野で咲くから」などでは十分ではありません。「普通なら次は山形や宮城なのに，なぜ長野で咲くの？」もしくは，「普通なら岐阜の次が長野なのになぜ通り過ぎたの？」と追加で尋ねるとよいでしょう。ここでの解答は曖昧でOKです。次の発問に詳細を委ねるのです。

発問 「桜が咲く時期が違うのは，○○が違うから。さて，何が入る？」

　ここで「気候」というキーワードが出てくるとよいでしょう。出てこない場合は，調べさせたり意味を伝えたりします。

　時間があれば，「もし紅葉写真家ならどうなる？」と尋ねるとよいでしょう。桜と同じなのか，それとも違うのか。もちろん答えは「違う」。おおむね，「逆である」と答えられればよいでしょう。そして教科書を読んだ後，もう一度，

発問 「あなたはどの都道府県に住みたい？」
と問うのです。簡単にでも気候について触れていれば認めてあげてください。

⏱第2時

　ここは「時季（季節）の特徴」を学びます。まずは，

発問 「北風小僧の○太郎。さて，何が入る？」
と聞いてみましょう。歌を知っている子はすぐに入れられるでしょう。知らない子のために答え合わせで曲を聴きましょう。ここでは，「冬→北風→寒い」というイメージを確認します。そして逆に，

発問 「南風小僧の暖太郎。さて，どんな歌詞？」
と問うて歌詞を考えさせます。穴あきでよいでしょう。世の中には「自動作

043

曲アプリ」もありますので，作った歌詞に曲を自動でつけても面白いですね。ここまでは「季節と風」の関係。次は「季節と天気」の関係です。

発問 「幸せのジューンブライド。結婚式場はなぜ6月にこだわった？」

　これはクイズ形式で構いません。「6月は客が少なかった」まで気づかせてから，「なぜ客が少ないんだろう？　考えてみよう‼」とつなげれば大概誰かが気づきます。答えはもちろん，「梅雨で雨が多いから」。そして，

発問 「他に，この季節には○○が多い（少ない）！というものはあるか？」

と問うてから教科書を読みましょう。ここで「地域と季節」のつながりについて確認しましょう。最後に，大ネタでまとめます。

発問 「あなたはどの都道府県に住みたい？」

　ここでは「時季（季節）の特徴」についての意見が出てくるようにしたいですね。

🕐第3時

　第2時で「時季（季節）の特徴」を学んだ後，ここではそれが地域によって異なることを第1時よりも具体的な形で学べるとよいでしょう。

　まずは，日本海側。

発問 「日本列島は日本海側の積雪のせいで思わぬ影響。さて，何？」

　これは「日本海側の地盤が凹み，ゆがむ」ということ。口頭で問うた後，選択肢を提示する順序でもよいでしょう。そして，

発問 「日本ため池数ランキング‼『兵庫』『広島』『香川』なぜ多い？」

発問 「『ホテルマウント富士』，冬に行われる驚きのキャンペーンとは？」

発問 「なぜ冬にするの？（ヒント：気候）」

　立て続けに質問しましょう。「ホテルマウント富士」は河原和之氏のネタで取り上げられているホテルで，答えは「宿泊中，富士山が1分以上見えなかったら無料宿泊券プレゼント」というもの。山梨県は「太平洋側気候」なので，冬は降水量が少ないのです。ですから，基本的に富士山は見られるということです。ちなみに取材したところ，配られた無料券は，2018年8枚，

044

2019年０枚，2020年20枚，2021年55枚，2022年０枚，2023年47枚だそう。客室が150もあるホテルですから，例えば１日見えないだけでもこのような数になります。そして，

発問 「気候は季節と○○によって異なる。さて，何が入る？」

　これは「地域」。この後教科書を読んで，日本には他にも地域によって特徴的な気候があることを確認します。そしていよいよ単元のまとめ。

発問 「あなたはどの都道府県に住みたい？」

　時季（季節）と気候，地域と気候が理由として出てくるとよいでしょう。もちろん，それだけでなく，「そこでこんなことしたい!!」という生き生きとした理由も認めてあげましょう。ここで沖縄，北海道を出す子もいるでしょう。そういう子の意見を吸い上げて次の単元につなげましょう。また，その場合「ベスト３」の形にするのもよいでしょう。

日本の気候の特色

組　名前（　　　　　　　　　　　）

✅ 問１　あなたはどの都道府県に住みたい？

✅ 問２　桜写真家の中西さん。福島から長野に引き返したのはなぜ？

から。

✅ 問３　桜がさく時期がちがうのは，＿＿＿＿＿がちがうから。（何が入る？）

✅ 問４　教科書や資料集を見て答えよう。

①日本では　夏から冬　　夏から秋　　春から夏　にかけて台風がやってくる。

②　四季　　　場所　の変化が見られることは日本の気候の大きな特色である。

✅ 問５　あなたはどの都道府県に住みたい？　＿＿＿＿＿＿＿＿＿＿＿＿＿＿

✅ 問６　北風小僧の〇太郎。さて，何が入る？　　北風小僧の＿＿＿＿太郎

✅ 問７　南風小僧の暖太郎。さて，どんな歌詞？（グループで考えよう）

①南かぜこぞうの＿＿＿＿たろう　ことしも＿＿＿までやってきた
　（風の音を考える）＿＿＿＿＿＿＿＿＿＿＿＿＿＿＿＿＿＿＿＿
　＿＿＿＿でござんす＿＿＿＿＿＿＿＿＿＿＿

②南かぜこぞうの＿＿＿＿たろう　くちぶえ　ふきふき＿＿＿＿＿たび
　（風の音を考える）＿＿＿＿＿＿＿＿＿＿＿＿＿＿＿＿＿＿＿＿
　＿＿＿＿＿ござんす＿＿＿＿＿＿＿＿＿＿＿

③南かぜこぞうの ＿＿＿＿　たろう　でんしんばしらも ＿＿＿＿＿＿＿

（風の音を考える）

＿＿＿＿＿　でござんす ＿＿＿＿＿＿＿

☑問8　幸せのジューンブライド。けっこん式場はなぜ6月にこだわった？

　A：6月は客が少なかったから　B：新入社員のテストの時期だったから
　C：社長の趣味だから

☑問9　他に，この季節には○○が多い（少ない）！というものはあるか？

＿＿＿＿＿＿＿には，＿＿＿＿＿＿＿＿＿＿＿＿＿＿が多い（少ない）！

☑問10　教科書や資料集を見て答えよう。

①つゆとは，　6月中ごろから7月　4月から10月ごろ　にかけて，雨が
　多くふる時期のことである。

②この時期，日本の　北　南　側に雨が多く，また，北海道にはつゆがない。

③日本列島の　中心　北側　に山脈が連なっている。

④日本は4分の3が　山地　平野　であり，　火山　資源　も多い。

⑤日本では夏と冬に　季節風　台風　がふく。

⑥夏は　南東　北西　からふいて　日本海側　太平洋側　に雨をふらせ，
　冬は　南東　北西　からふいて　日本海側　太平洋側　に雨や雪をもたらす。

☑問11　あなたはどの都道府県に住みたい？ ＿＿＿＿＿＿＿＿＿

☑問12　日本列島は日本海側の積雪のせいで思わぬえいきょう。さて，何？

　A：重さで日本海側の地面がゆがむ　B：雪合戦のしすぎで欠席が増える
　C：みんなスキーをはいて登校する

☑問13　日本ため池数ランキング!!「兵庫」「広島」「香川」なぜ多い？

　A：みんなたくさん水を飲むから　　B：雨が少ない地域だから

　C：ため池でつりをするため

☑問14　「ホテルマウント富士」，冬に行われるおどろきのキャンペーンとは？

　A：富士山が見えないと無料　　B：富士山カレーが無料

　C：じゃんけんに勝つと無料

☑問15　なぜ冬にするの？（ヒント：気候）

　A：冬は雨が少ないから　　B：冬はカレーを食べないから

　C：冬は手が冷たいから

☑問16　気候は季節と＿＿＿＿＿＿＿によってことなる。（何が入る？）

☑問17　教科書や資料集を見て，6つの気候と土地の特ちょうについて答えよう。

①北海道では　夏　　冬　が長く，冬の寒さがきびしく，降水量は

　　多い　　少ない。

②日本海側では冬にたくさん　雨　　雪　がふる。

③中央高地は，夏と冬の気温差が　少なく　　大きく　，降水量が少ない。

④太平洋側は，気温が　低く　　高く　あたたかい地域で，

　　夏や秋　　春や冬　に多く雨がふる。

⑤瀬戸内は，1年を通じて　寒く　　あたたかく　，降水量が

　　多い　　少ない　。

⑥南西諸島は，気温が高く雨の　少ない　　多い　地域で，冬もあたたかい。

⑦日本の川は，流れが　ゆるやか　　急　である。また，東京，大阪など海

　　に面した平野では，　小さな　　大きな　川が流れている。

⑧日本は国土が　東西　　南北　に長い。このことが各地域の気候のちがい

　　にえいきょうして　いる　　いない　。

☑問18　あなたはどの都道府県に住みたい？　＿＿＿＿＿＿＿＿＿＿＿＿＿

授業をもっと楽しくする +α ネタ

国土

！ 日本で唯一の熱帯地域とは意外な都道府県だった!?

　日本唯一の熱帯の都道府県といえば？と聞くと皆さんはどこをイメージするでしょうか？ そう，もちろん沖縄でしょう。しかし，実は気候区分では沖縄は「亜熱帯」になります。ではどこが？ それは，意外にも「東京都」。考えてみれば，東京都には世界自然遺産の小笠原諸島があります。つまり，東京都はとっても縦に長い都道府県。そしてその東京都の沖ノ鳥島が日本唯一の熱帯の島ということになります。

！ アルプス一万尺の歌，「小槍の上」ってどんなところ？

　多くの人たちがリズムに合わせた手遊びで楽しんだアルプス一万尺の歌。子供のころは意味など考えずに楽しみました。でも，よく考えたらとても変な歌です。そもそもこの「アルプス」は外国ではなく「日本アルプス」のこと。日本アルプスはヨーロッパのアルプス山脈のような高地が続くのでこの名前がついています。日本は低地から高地まで，高さの面でも大きな変化に富んだ国なのです。さて，授業で扱うように，このあたりの地域は夏でも冷涼な気候です。そしてここで注目，「小槍」って何でしょう？ 答えは，槍ヶ岳の山頂付近の岩のこと。山頂が大槍です。この小槍，とてもではないけれど踊れるところではありません（画像検索で調べてみてください）。つまり，この詩は「ナンセンス詩」。ただ楽しんで，合理的かどうかなんて気にせず遊んだ子供のころの気持ちこそが正解です。

049

国 土

01/4 あたたかい土地と寒い土地のくらし
―自分の住む都道府県とどっちに住みたい？―

　この単元は選択単元です。基本的には教科書では沖縄と北海道のどちらか
を選ぶようになっているでしょう。4年生の各々の都道府県の学習との違い
は，「気候が人々の生活に関係する」ということであるのは低地と高地の単
元で確認した通りです。この「気候」というキーワードでそれぞれの地域の
くらしを見ていきましょう。

ここで使える！ネタ一覧

大ネタ：自分の住む都道府県と沖縄（北海道），どっちに住みたい？

中ネタ：気候を生かした沖縄ならではの観光ツアーを企画しよう！

　　　　：気候を生かした北海道ならではの冬のイベントを企画しよう！

小ネタ：沖縄ではこたつは売っていない!?　○か×か

　　　　：沖縄で雪が降ったことがある！　○か×か

　　　　：パイナップルはどうできる!?　絵に描いて想像しよう！

　　　　：沖縄の海開きは5月が多い！　○か×か

　　　　：沖縄にはカリフォルニア州がある！　○か×か

　　　　：沖縄の地名を読んでみよう！「保栄茂」「喜屋武」「西表」とは!?

　　　　：北海道はこたつの所有率が全国最下位である！　○か×か

　　　　：さっぽろ雪まつり，過去最大の雪像の大きさは？

　　　　：北海道の面積は，新潟，山梨，東京，京都，宮崎，神奈川，石
　　　　　川を足したよりも大きい！　○か×か

　　　　：「オモシロナイ川」「オカネナイ川」「アブナイ川」「アルケナイ
　　　　　川」実在するのは？

自分の住む都道府県とどっちに住みたい？

　あくまでこの単元は「4年生の学習の発展」と位置づけるべきでしょう。「自分の住む都道府県とどちらに住みたいか」と問うことで「気候の違いによるくらしの違い」を浮き彫りにするのです。ですから，沖縄に住む子たちはここでは北海道を学習し，北海道に住む子たちはここでは沖縄を学習することをおすすめします。そうすることで，自分たちの住む地域との違いが「気候」というキーワードで比べられるのです。

沖縄のウソ・ホント!? クイズで学ぼう！

　あたたかい地域のくらしの学習として，①くらしの特徴 ②産業（農業）③産業（農業以外）④文化 という4つの学習で構成されている場合が多いでしょう。そしてそれらを「気候」がキーワードとしてつないでいるイメージです。これらの学習のために，各々の時間にクイズを入れていきます。例えば，「くらしの特徴」として「沖縄にこたつは売っているか」という問い。実は北海道と沖縄が所有率で最下位を争っていて，沖縄は30％ほどだそう。でも県民以外は答えに迷います。

　次に，「産業」としてパイナップルの育ち方を考え，他の農作物とともに「沖縄ならではの作物」として気候との関係に気づかせます。海開きは5月ではなく3〜4月。桜は既習ですが，1月に咲きます。これらの自然の様子の違いも「気候」によるもので，観光業につながっています。「気候を生かした沖縄ならではの観光ツアーを企画しよう！」とまとめるのもよいでしょう。

　最後に「難読地名」をクイズとして出し，「文化」を感じさせるとよいでしょう。実在する「保栄茂（びん）」「喜屋武（きゃん）」「西表（いりおもて）」などを紹介してもよいですし，これを「沖縄ことわざ（黄金言葉）」などと置き換えても面白いかもしれません。また，沖縄の人々は自然とともに生きてきました。沖縄の神話などの物語を読むことで，どのように自然と生きてき

051

たのか，どんな思いを大切にしてきたのかに少しだけ触れることができます。

💡 北海道のウソ・ホント!? クイズで学ぼう！

　こちらも沖縄と同じ構造です。「くらしの特徴」では，こたつの所有率は2013年のウェザーニュースの調査によると北海道が最下位。意外な結果ですが「北海道は暖房設備が充実しており，家全体を暖めている」からだそうです。要するに「寒すぎてこたつじゃどうにもならん!!」ということです。他にどんなくらしの特徴があるか調べるきっかけになります。

　「農業」では，北海道の面積，規模に注目させましょう。実は北海道の面積は新潟，山梨，東京，埼玉，神奈川，石川，滋賀，京都，大阪，奈良，香川，徳島，宮崎，佐賀，沖縄を足したよりも大きいのです。この広大な面積と，冷涼な気候を生かした農業が営まれています。

　「産業」では，「北海道の冬がいかに寒いか」というクイズをいくつか行った後，「こんなに寒い北海道。気候を生かした冬のイベントを企画しよう!!」と提案してみます。実際，北海道では観光客の減少する冬季に，気温の低さを逆手にとった観光客に来てもらうための取り組みが行われています。それが「さっぽろ雪まつり」や「旭川冬まつり」のようなイベントであったり，「流氷ツアー」のPRだったりします。

　最後の「文化」は，沖縄で紹介したように文化を感じさせるためにアイヌ語の地名クイズで導入しましょう。実在する「オモシロナイ川」「オカネナイ川」「アブナイ川」「アルケナイ川」「カニカン岳」などを紹介します。沖縄同様，これらをきっかけに「アイヌことわざ」や，ヒグマを意味する「キムンカムイ」やサケを意味する「カムイチェプ」などの言葉，「イオマンテ（イヨマンテ）」などの儀式をはじめとする「アイヌ文化」の紹介をするとよいでしょう。また，アイヌの人々に言い伝えられてきた物語を読むこともよいでしょう。北海道に住むアイヌの人々がどのように自然とともに生きてきたのか，言葉ではなく感覚としてじんわりと感じることもまた大切です。

052

参考文献・資料 （Web サイトは2023年10月24日最終閲覧）

〇村瀬哲史『常識なのに！大人も答えられない都道府県のギモン』宝島社，2019

〇ライフサイエンス『おもしろ雑学　日本地図のすごい読み方』三笠書房，2021

〇有坪民雄『〈イラスト図解〉コメのすべて』日本実業出版社，2006

〇ウェザーニュース｜大都市ほどこたつ離れ　実は北海道より沖縄の方がこたつを持っている！

　（https://weathernews.jp/s/topics/201711/150155/）

〇日テレ NEWS NNN｜沖縄本島で「雪」観測史上初めて

　（https://news.ntv.co.jp/category/society/320664）

〇日本経済新聞｜保栄茂・勢理客…　読み方難しい地名，沖縄になぜ？

　（https://www.nikkei.com/article/DGXMZO96908810U6A200C1000000/）

〇さっぽろ雪まつり公式サイト｜よくあるご質問　（https://www.snowfes.com/faq/）

単元プランの実際（沖縄）

第1時 （導入）	［大ネタ（発問）で導入］ 〇自分の住む都道府県と沖縄，どっちに住みたい？ ［小ネタで興味づけ］ 〇沖縄ではこたつは売っていない!?　〇か×か　など ［大ネタ（発問）でまとめる］ 〇自分の住む都道府県と沖縄，どっちに住みたい？
第2時	［小ネタで導入］ 〇パイナップルはどうできる!?　絵に描いて想像しよう！ ［発問で深める］ 〇沖縄の特産の農作物，共通点は何？ ［大ネタ（発問）でまとめる］ 〇自分の住む都道府県と沖縄，どっちに住みたい？
第3時	［小ネタで導入］ 〇沖縄の海開きは5月が多い！　〇か×か　など ［中ネタ（発問）で深める］ 〇気候を生かした沖縄ならではの観光ツアーを企画しよう！
第4時	〇気候を生かした沖縄ならではの観光ツアーを企画しよう！（第3時の続き） ［大ネタ（発問）でまとめる］ 〇自分の住む都道府県と沖縄，どっちに住みたい？
第5時	［小ネタで導入］ 〇沖縄の地名を読んでみよう！「保栄茂」「喜屋武」「西表」とは!? ［大ネタ（発問）でまとめる］ 〇自分の住む都道府県と沖縄，どっちに住みたい？

授業展開と発問例（沖縄）

⏰第1時

　　第1時はくらしの特徴について。家の特徴などに触れ，学習します。まずは大ネタ（発問）で導入します。

[発問]「自分の住む都道府県と沖縄，どっちに住みたい？」

と尋ねます。導入なので子供の感覚で判断させたらよいでしょう。意見の交流も簡単に行って構いません。ただし，気候や産業について触れている意見に関しては価値づけてもよいでしょう。さらに小ネタで興味づけします。

[クイズ]「沖縄○×クイズ!!」

①沖縄は昔，アメリカに治められていた　○

②沖縄ではこたつは売っていない　×

③沖縄で雪が降ったことがある　○

　　そして教科書を読み，大ネタ（発問）で本時のまとめとします。

[発問]「自分の住む都道府県と沖縄，どっちに住みたい？」

　　ここでは自分の感覚を大事にしながら「くらしの特徴」を意見として入れることを条件にするとよいでしょう。

⏰第2時

　　ここは沖縄の農業の学習の時間です。教科書によって単元の順序が違う場合は入れ替えて学習してください。

[発問]「パイナップルはどうできる!? 絵に描いて想像しよう！」

　　有田和正氏の有名な発問ですが，現在では教科書に描かれている場合も多いですね。次に，

[発問]「沖縄で育てられている『沖縄ならでは』の農作物を，できるだけたくさん挙げよう！」

と問います。シークヮーサー，バナナ，パイナップル，パッションフルーツ，マンゴーなどが出てくるとよいですね。ここでは「沖縄　果物　JA」などで調べるように指定してもよいでしょう。そして教科書を読みます。その後，

054

［発問］「沖縄の特産の農作物，共通点は何？」

「すべて〇〇〇気候で育つ作物だ！」とまとめましょう。ここで気候と農業が関係あるということを必ず押さえます。最後に，

［発問］「自分の住む都道府県と沖縄，どっちに住みたい？」

とまとめます。条件は，「農作物を理由として１つ入れること」としましょう。気候について出てくる子もどんどん認めていきましょう。

⏱第３・４時

ここは２時間続きで，沖縄の気候と環境の学習です。まず「沖縄クイズ」で導入しましょう。

［クイズ］「沖縄〇×クイズ！！」

①沖縄にはアメリカドルが使える店がある　〇

②沖縄は日本で一番南にある都道府県である　×（東京）

③沖縄の海開きは５月が多い　×（３月から４月が多い）

④沖縄にはカリフォルニア州がある　〇（嘉手納基地）

④は解説が要ります。嘉手納基地内のレストラン「シーサイド」のお店の人とお話をしてみると，「ここはカリフォルニアの米空軍の経営です。だから，ここはカリフォルニア扱いなんですよ」だそう。実際，郵便ではカリフォルニア州扱いになるそうです。支払いはドルかカード。チップも必要です。そして，教科書を読んで課題なども確認します。さらに中ネタ（発問）で深めます。

［発問］「気候を生かした沖縄ならではの観光ツアーを企画しよう！」

分量としては２泊３日でよいと思います。これはグループでも OK でしょう。この作業で第３時は終わり，次の第４時も引き続き作業を続けます。共有の方法は，グループごとの発表でも構いませんし，オンライン上でも構いません。最後に，

［発問］「自分の住む都道府県と沖縄，どっちに住みたい？」

と尋ねます。ここでは第２時までの意見＋沖縄の環境について述べられるよ

うに条件をつけましょう。

🕐**第5時**

　この時間は沖縄の文化の学習です。小ネタで導入します。

発問　「沖縄の地名を読んでみよう！」

①保栄茂　②喜屋武　③西表　（①びん　②きゃん　③いりおもて）

　他にも，例えば昨年の夏の甲子園の沖縄代表のスターティングメンバーの名字を読んでみよう！としてもよいでしょう。ここで教科書を読み，沖縄は歴史上，独自の文化を育ててきたことを確認します。

　そしていよいよ単元のまとめ。

発問　「自分の住む都道府県と沖縄，どっちに住みたい？」

　本時はこれまでと違い，①農業　②産業　③文化について整理し，特に①②については気候と結びつけて整理できるとよいでしょう。

単元プランの実際（北海道）

第1時 （導入）	[大ネタ（発問）で導入] ○自分の住む都道府県と北海道，どっちに住みたい？ [小ネタで興味づけ] ○北海道はこたつの所有率が全国最下位である！　○か×か　など [大ネタ（発問）でまとめる] ○自分の住む都道府県と北海道，どっちに住みたい？
第2時	[小ネタで導入] ○おさるのジョージは日本のどこの祭りに参加した？ ○さっぽろ雪まつり，過去最大の雪像の大きさは？ [中ネタ（発問）で深める] ○気候を生かした北海道ならではの冬のイベントを企画しよう！
第3時	○気候を生かした北海道ならではの冬のイベントを企画しよう！（第2 　時の続き） [大ネタ（発問）でまとめる] ○自分の住む都道府県と北海道，どっちに住みたい？

第4時	[小ネタで導入] ○北海道の面積は，新潟，山梨，東京，京都，宮崎，神奈川，石川を足したよりも大きい!? ○か×か　など ○北海道の農業を友達に一言で説明すると？ [大ネタ（発問）でまとめる] ○自分の住む都道府県と北海道，どっちに住みたい？
第5時	[小ネタで導入] ○「オモシロナイ川」「オカネナイ川」「アブナイ川」…実在するのは？ [大ネタ（発問）でまとめる] ○自分の住む都道府県と北海道，どっちに住みたい？

授業展開と発問例（北海道）

⏱第1時

　沖縄同様，くらしの特徴からです。まずは大ネタ（発問）で導入します。

発問「自分の住む都道府県と北海道，どっちに住みたい？」

と尋ねます。沖縄同様，気候や産業について触れている意見に関しては価値づけてもよいでしょう。さらに小ネタで興味づけします。

クイズ「北海道○×クイズ!!」

①北海道のコンビニでおにぎりを買うと「あたためますか？」と聞かれる　○

②北海道はこたつの所有率が全国最下位である　○

③2022年の北海道は日本で一番積雪が多かった　×（青森1位，北海道2位）

④日本の観測史上最低気温は北海道で記録された　○

⑤北海道の家の外には巨大な灯油タンクがついている　○

　その後，教科書を読んでくらしについて確認します。そして，大ネタ（発問）で本時のまとめをします。

発問「自分の住む都道府県と北海道，どっちに住みたい？」

　ここでは自分の感覚を大事にしながら「くらしの特徴」を意見として入れることを条件にするとよいでしょう。沖縄と同様です。

⏱第2・3時

　ここは2時間続きの学習。北海道の気候と環境の学習です。小ネタで導入

057

しましょう。

(発問)

①「おさるのジョージ」シーズン10でジョージが日本へ!!　どこの祭りに参
　加した？　A：東京　B：京都　C：北海道
　　答えはC。アニメ内で明言されませんが，雪が降るところで大きな雪像を
　作る日本のイベントは北海道以外ないでしょう。

②世界でも有名なさっぽろ雪まつり，過去最大の雪像の大きさは？
　　答えは高さ25m。

③この雪像は，あるイベントに合わせて作られた。それは？
　　A：サッカーワールドカップ　B：オリンピック　C：アジア大会
　　答えはB。1972年の札幌オリンピックです。そして，教科書を読み，

(発問)「気候を生かした北海道ならではの冬のイベントを企画しよう！」

　　これはグループでもOKでしょう。この作業で第2時は終わり，次の第
3時も引き続き作業を続けます。沖縄同様，共有の方法はグループごとの発
表でも構いませんし，オンライン上でも構いません。最後に，

(発問)「自分の住む都道府県と北海道，どっちに住みたい？」

と尋ねます。ここでは第1時までの意見＋北海道の環境について述べられる
ように条件をつけましょう。

🕐第4時

　　ここは北海道の農業の学習の時間です。沖縄同様，教科書によって順序が
違う場合は入れ替えて学習してください。まずは導入クイズです。

(クイズ)「北海道〇×クイズ!!」

①北海道の面積は，新潟，山梨，東京，京都，宮崎，神奈川，石川を足した
　よりも大きい　〇　（まだまだ入ります。計算しても面白いでしょう。）

②北海道では，稲作が入ってきてから広がるまで250年かかった　〇

③北海道の農家は，全国平均の10倍以上もの面積の土地を持っている　〇
　（約14倍）

058

その後，教科書を読んで作物に注目します。そして，

[発問]「北海道の産業を友達に一言で説明すると？」

「北海道の産業って○○だ！」と書いてみましょう。「広い」「寒いところに合った作物」などのキーワードが出てくるとよいでしょう。最後に，

[発問]「自分の住む都道府県と北海道，どっちに住みたい？」

とまとめます。条件は，「産業の特徴を理由として1つ入れること」としましょう。気候について出てくる子もどんどん認めていきましょう。

🕐第5時

この時間は北海道の文化の学習です。小ネタで導入します。

[発問]「北海道の川の名。実在する名前は？」

A：オモシロナイ川　B：オカネナイ川　C：アブナイ川
D：アルケナイ川

答えはすべて○。実はアイヌ語で「ナイ」は沢を意味するのです。ここから「北海道は独自の文化を育んできた」ことにつなげ，教科書を読む動機づけとします。そしていよいよ単元のまとめ。

[発問]「自分の住む都道府県と北海道，どっちに住みたい？」

沖縄同様，①農業 ②産業 ③文化 について整理し，特に①②については気候と結びつけて整理できるとよいでしょう。

059

あたたかい土地のくらし

組　名前（　　　　　　　　　　）

✓問１　自分の住む都道府県と沖縄，どっちに住みたい？　　自分　　沖縄

理由

✓問２　沖縄○×クイズ!!

①沖縄は昔，アメリカに治められていた　☐

②沖縄ではこたつは売っていない　☐

③沖縄で雪がふったことがある　☐

✓問３　教科書や資料集を見て答えよう。

①沖縄県の伝統的な家は　台風　嵐　の強い風から守るため，家の周りを
さんごの　石垣　かざり　や木で囲んでいる。

②屋根はかわらを　ボンド　しっくい　で固め，暑さをしのぐために戸や
まどを　せまく　広く　して風通しをよくしている。

③現在は，強い風に備えた　鉄　コンクリート　でできた家が多く，屋上
に貯水タンクを置いて，　おふろ　水不足　に備えている。

✓問４　自分の住む都道府県と沖縄，どっちに住みたい？　　自分　　沖縄

理由

✅問5　パイナップルはどうできる!? 絵にかいて想像しよう!

✅問6　沖縄で育てられている「沖縄ならでは」の農作物を，できるだけたくさん挙げよう!

✅問7　教科書や資料集を見て答えよう。

①沖縄県では，農作業の工夫をしながら　<u>気候</u>　名前　や環境を生かし，他の地域で生産の少ないサトウキビや　<u>果物</u>　車　，もずくなどの海産物を作ったり育てたりしている。なお，サトウキビが一番面積が大きい。

②沖縄県のきくづくりは，　シャワー　<u>電灯</u>　を使って（当てて）花がさく時期を　<u>調整</u>　判断　できるので，他の地域で出荷の少ない　夏　<u>冬</u>　に出荷でき，条件がいい。

✅問8　沖縄の特産の農作物，共通点は何?

　　　　沖縄の特産の農作物はすべて_____気候で育つ作物だ!

✅問9　自分の住む都道府県と沖縄，どっちに住みたい?　　　自分　沖縄

理由（農作物を１つ入れよう）

✅問10 沖縄○×クイズ!!

①沖縄にはアメリカドルが使える店がある ☐

②沖縄は日本で一番南にある都道府県である ☐

③沖縄の海開きは5月が多い ☐

④沖縄にはカリフォルニア州がある ☐

✅問11 教科書や資料集を見て答えよう。

①沖縄県では，あたたかい気候を生かした　観光業　温泉開発　がさかん。

②沖縄県では，美しい　果物　砂浜　や海を生かしたレジャーがさかん。

③沖縄の人たちは，美しい自然と伝統を　止め　守り　ながら発展していくことを願っている。

④沖縄にはアメリカ軍基地が　多い　少ない　。

⑤沖縄では，　寒い　あたたかい　気候を生かした　産業　工業　が行われている。

✅問12 気候を生かした沖縄ならではの観光ツアーを企画しよう！

ツアー名：＿＿＿＿＿＿＿＿＿＿＿＿＿＿＿　季節：＿＿＿＿

✅問13 自分の住む都道府県と沖縄，どっちに住みたい？　自分　沖縄

理由

✓問14　沖縄の地名を読んでみよう！

①「保栄茂」_____　②「喜屋武」_____　③「西表」_____

★教科書を読んだ後に下の問いに答えよう！

慣れない読み方があるのは，沖縄が独自の_____を育ててきたから!!

✓問15　教科書や資料集を見て答えよう。

①沖縄では　エイサー　盆おどり　という伝統的なおどりが伝えられている。

②沖縄には，沖縄の　特産物　土　が使われた独自の料理がある。

③沖縄は独自の　文化　趣味　をもち，それを大切にしてきた。

✓問16　沖縄まとめ！　自分の住む都道府県と沖縄，どっちに住みたい？

①気候を生かした農作物などの特産品　②気候を生かした産業　③文化

という視点で比べてみよう!!

わたしはやっぱり　自分の都道府県　沖縄　に住みたい!!

理由

寒い土地のくらし

組　名前（　　　　　　　　　）

✓問１　自分の住む都道府県と北海道，どっちに住みたい？

自分　　北海道

理由

✓問２　北海道○×クイズ!!

①北海道のコンビニでおにぎりを買うと

「あたためますか？」と聞かれる　□

②北海道はこたつの所有率が全国最下位である　□

③2022年の北海道は日本で一番積雪が多かった　□

④日本の観測史上最低気温は北海道で記録された　□

⑤北海道の家の外には巨大な灯油タンクがついている　□

✓問３　教科書や資料集を見て答えよう。

①北海道では，寒さ対策としてまどやげんかんを

二重にして　　しめきって　いる。

②北海道の家は断熱材を入れるなど，　熱　　動物　がにげないようなつく

りになっている。

③北海道では雪対策として，屋根を平らにしたり，急にしたりして形を

工夫　　芸術的に　している。

④北海道では除雪した雪を流すみぞがあったり，雪を運ぶ場所を

つくったりしている　　つくったりしてはいない　。

⑤北海道の家は，雪や　夏のすずしさ　　冬の寒さ　に備えたつくりになっ

ている。

☑️ 問4　自分の住む都道府県と北海道，どっちに住みたい？

自分　　北海道

理由

☑️ 問5　「おさるのジョージ」シーズン10でジョージが日本へ！！
　　どこの祭りに参加した？

　　A：東京　　B：京都　　C：北海道

☑️ 問6　世界でも有名なさっぽろ雪まつり，過去最大の雪像の大きさは？

＿＿＿＿＿＿m

☑️ 問7　この雪像は，あるイベントに合わせて作られた。それは？

　　A：サッカーワールドカップ　　B：オリンピック　　C：アジア大会

☑️ 問8　教科書や資料集を見て答えよう。

①北海道では，観光客の少ない　夏　　冬　に多くの人に来てもらうために

　　雪　　牛　を使ったイベントが行われている。

②北海道では　夏　　冬　が観光客の多いシーズンだ。

☑️ 問9　気候を生かした北海道ならではの冬のイベントを企画しよう！

イベント名：＿＿＿＿＿＿＿＿＿＿＿＿＿＿＿

内容

✅問10　自分の住む都道府県と北海道，どっちに住みたい？

自分　　北海道

理由

✅問11　北海道○×クイズ!!

①北海道の面積は，新潟，山梨，東京，京都，宮崎，神奈川，石川を足したよりも大きい □

②北海道では，稲作が入ってきてから広がるまで250年かかった □

③北海道の農家は，全国平均の10倍以上もの面積の土地を持っている □

✅問12　教科書や資料集を見て答えよう。

①北海道では，__広大な__　あれた　土地で大きな規模（きぼ）の農業が行われている。

②北海道では，__冬__　夏　のすずしい気候に合わせて，てんさい，小麦，ジャガイモなど，限られた　__様々な__　種類（かぎ）の作物を作っている。

③北海道では，冬の寒さ，夏のすずしさなどの気候を生かした
__産業__　工業　が行われている。

✅問13　教科書や資料集を見て，ABC どれかの問題を解こう！

A：十勝地方では，１つの畑に毎年　同じ　__ちがう__　作物を植えている。

B：旭川市では，平らな土地と川に流れる　__雪どけ水__　砂利（じゃり）を利用して
暑さ　__寒さ__　に強い品種の米が作られている。

C：北海道では，__冬__　夏　のすずしい気候でよく育つ草をえさに牛を育てる__酪農__（らく）　牧農　がさかん。また，北海道の周りの海では多くの
__水産物__　わかめ　がとれる。

✅問14　北海道の産業を友達に一言で説明すると？

※気候に関係して答えよう!!

北海道の産業って＿＿＿＿＿＿＿＿＿＿＿＿＿＿＿＿だ！

☑問15　自分の住む都道府県と北海道，どっちに住みたい？

自分　　北海道

理由

☑問16　北海道の川の名。実在する名前は？

Ａ：オモシロナイ川　　Ｂ：オカネナイ川　　Ｃ：アブナイ川　　Ｄ：アルケナイ川

★教科書を読んだ後に下の問いに答えよう！

慣れない地名があるのは，アイヌの人々が独自の＿＿＿＿＿＿を育ててきたから!!

☑問17　教科書や資料集を見て答えよう！

アイヌの人々は　街　　自然　に感謝しながらすべてのものに神（カムイ）を感じ，自然とともに生きてきた。

☑問18　北海道まとめ！　自分の住む都道府県と北海道，どっちに住みたい？

①気候を生かした農作物などの特産品　②気候を生かした産業　③文化という視点で比べてみよう!!

わたしはやっぱり　自分の都道府県　　北海道　に住みたい!!

理由

食料生産

02-1 日本の食料生産
―食べ物はどこからやってくる？ 法則みつけ！―

　普段食べる食材はどこからやってくるのか？ 食料生産を考えるに当たって，農業分野では「米」と「果物」「野菜」の代表的な種類を取り上げ，それと畜産の「牛」「豚」「鶏」程度の扱いで問題ないでしょう。食料生産の導入なので，漁業はまとめて「魚」として取り上げます。それらの生産地を「法則化」することで，この後食料生産を学習していく眼鏡になっていきます。

ここで使える！ネタ一覧

大ネタ：食べ物はどこからやってくる？ 法則みつけ！

小ネタ：面白品種の特徴とは？

　　　：熊本県で販売されるお米「くまさんの力」にはどんな力が？

　　　：りんごジュースだけの自動販売機と，みかんジュースが出てくる蛇口はどこにある？

🔎 食べ物はどこからやってくる？ 法則みつけをしよう！

　食物の生産に気候が影響することは前の単元で学習済です。今回はそれを発展させて代表的な食物について，「○○な場所には△△の生産が多い」という法則みつけをし，さらに資料を探しながら日本全体の食物生産の分布を確認しましょう。そうすることで食料生産と気候の関係に気づくことができます。もっとも，有田和正氏が述べるように，生産の定着には気候だけではなく「人々の思い」が最も大事。特に農作物は極端にいえばすべて「可食部が多く自然界からすると異常なもの」なわけで，特にそれは自分たちが食べるために人々が努力・工夫を積み重ねたものだからです。しかし，本単元は

068

食物生産の歴史という時間軸を扱うものではないため，現在の気候と食物の関係のみ焦点を当てるとよいでしょう。

💡 熊本県で販売されるお米「くまさんの力」にはどんな力が？

昨今の温暖化の影響でお米に高温障害が現れることが多くなっています。そんな中，「高温耐性品種」といわれる種が各地で開発されています。その一つが熊本県の「くまさんの力」です。「くまさんの力」がもつ力は「高温に強い」というものなのです。学習においては「なぜ『くまさんの力』が開発されたのか？」ということを入り口にして「お米の生産量ランキング」を示し，「『くまさんの力』が開発されたのは，お米は○○な気候で育ちやすい作物だから」という流れにもっていきます。さらにここから，「農作物には気候による向き不向きがある」ということに気づかせることで次時へとつなげることができるのです。実は他にも，ほうれん草で「イフリート」という品種があります。これも「暑さに強い」という特徴をもちます。導入に使えます。

💡 りんごジュースだけの自動販売機と，みかんジュースが出てくる蛇口はどこにある？

答えは青森県青森駅の「りんごジュースだけの自動販売機」と，愛媛県松山空港の「みかんジュースが出てくる蛇口」です。これらがどこにあるかを予想させ，その過程でそれぞれの作物の生産が多い都道府県を整理させていくとよいでしょう。そして，「りんごの生産がさかんな地域の気候は○○である」などと，気候と作物の関係を法則としてまとめるのです。この後は白地図を利用しながらテンポよく他の農作物や魚，畜産の法則づくりに進んでも構いませんし，「北海道には人口より牛の頭数が多い市町村がある。○か×か」「大阪府はかつてぶどうの生産日本一だったことがある。○か×か」などとクイズを織り交ぜながら進めていってもよいでしょう。

参考文献・資料　（Web サイトは2023年10月25日最終閲覧）

○21世紀政策研究所編『2025年　日本の農業ビジネス』講談社，2017

○住化農業資材株式会社種苗部　製品情報サイト

　（https://products.sumika-agrotech.com/seeds/）

○トキタ種苗公式サイト　（https://www.tokitaseed.co.jp）

○熊本県 HP ｜熊本県が開発した登録品種の詳細

　（https://www.pref.kumamoto.jp/soshiki/75/846.html）

○松山空港 HP ｜ Orange BAR

　（https://www.matsuyama-airport.co.jp/service/buy/orangebar.html）

単元プランの実際

第1時 （導入）	［小ネタで導入］ ○面白品種の特徴とは？ ○熊本県で販売されるお米「くまさんの力」にはどんな力が？ ［大ネタでまとめ，次時へのつなぎとする］ ○食べ物はどこからやってくる？　法則みつけをしよう！
第2時	［小ネタで導入］ ○北海道には，人より牛が多い市町村がある。○か×か ○茨城県には，人より豚が多い市町村がある。○か×か ○桃太郎で有名な岡山県は，桃の生産日本一。○か×か ○大阪府はかつてぶどうの生産日本一だった。○か×か ○りんごジュースだけの自動販売機と，みかんジュースが出てくる蛇口 　はどこにある？ ［大ネタで進める］ ○野菜（大根，キュウリ，キャベツ），果実（桃，ぶどう），その他の農 　作物，畜産物（牛，豚，鶏），魚 それぞれの産地の法則をつくろう！
第3時	［大ネタでまとめる］ ○みんなでつくった法則が当てはまるか，地図に表そう！

授業展開と発問例

🕐第1時

　まずはクイズから。

クイズ　「次のものは実際にある作物の品種の名前。さて，どんな特徴があ
る？」

①ほうれん草「イフリート」

　　A：暑さに強い　　B：寒さに強い　　C：病気に強い

②トウガラシ「インドジン・ウソツカナイ」

　　A：長い　　B：甘い　　C：辛い

③ジャガイモ「デストロイヤー」

　　A：プロレスのマスクに似ている　　B：真っ黒　　C：他の野菜をからす

　　答えは①A　②C　③A　だそう。画像を見せてもよいでしょう。

[クイズ]「熊本県で販売されるお米『くまさんの力』にはどんな力が？」

A：今までの稲より暑さに強い　　B：今までの稲より寒さに強い

C：今までの稲より水害に強い

　　答えはA。先のクイズで紹介したほうれん草との違いは，品種開発の目的が明確に「温暖化対策」であることを県が示していることです。ここから学習のメイン，「法則づくり」に進んでいきます。

[発問]「熊本県が『くまさんの力』を作ったのは，現在，稲が＿＿＿＿＿＿＿い地域で多く生産される作物だから（何が入る？）」

と問い，教科書を読みます。答えは「涼しい（寒いも一応 OK）」。発問が教科書を読む動機づけとなります。前単元で学習した「気候と産業のつながり」が生きてきます。次の単元ではもともと稲が暖かい地域の作物であることに触れ，品種改良についても学ぶようになっていますので，ここは現状の稲の特徴で構わないでしょう。次に，

[発問]「『"日本では稲は涼しい地域で多く生産されている"という法則は正しい。それは＿＿＿＿＿＿＿＿＿＿から分かる。』と資料を示してまとめよう」

と問い，法則が当てはまるか検証する活動でまとめとしましょう。

🕐第2時

　　まずは〇×クイズから。

[クイズ]「日本の食料生産〇×クイズ！！」

①北海道には，人より牛が多い市町村がある　　〇（別海町）

②茨城県には，人より豚が多い市町村がある　○（行方市）

③桃太郎で有名な岡山県は，桃の生産日本一　×（１位は山梨県）

④大阪府はかつてぶどうの生産日本一だった　○（約100年前）

　そして少し身近なネタにシフトしましょう。

[発問]「りんごジュースだけの自動販売機と，みかんジュースが出てくる蛇口はどこにある？」

　答えは青森県と愛媛県。自分たちで調べさせるのも面白いでしょう。ここからグループで法則づくりにつなげます。

[発問]「りんごの産地の法則とみかんの産地の法則をつくって確かめよう」

　ポイントは「気候の特徴」を入れること。ですので，歴史的なことや農家の努力にはここでは触れなくても OK です。答えは，りんご→涼しい地域，みかん→暖かい地域（欲をいえば，「日当たりがいい」も）。そして，教科書を読み，

[発問]「①野菜（大根，キュウリ，キャベツ，その他）②果実（桃，ぶどう，その他）③畜産物（牛，豚，鶏），魚 それぞれの産地の法則をつくろう！」

と問いましょう。読んだ後はできればグループで①②③の中でそれぞれ役割分担をするとよいでしょう。「その他」は時間が余れば好きなものを調べさせると楽しいです。なお，授業者で調べる内容の変更をしてももちろん OK です。法則がつくれたら，他の子を手伝うか，法則の確認を他の子と進めるとよいでしょう。

⏱第３時

　この時間は発問から始めます。

[発問]「みんなでつくった法則が当てはまるか，地図に表そう！」

と指示します。グループでの学習でも OK です。各教科書に，見本となる地図が掲載されているはずですので，作業しながら確認しても OK ですし，終わった後に答え合わせのように見させてもよいでしょう。ポイントは，見ながら作業しても十分に学習になることです。

072

授業をもっと楽しくする +α ネタ

食料生産

⚠ 関東地方以外の人たちは知らない!? 茨城県の食料生産

　関西では「琵琶湖の水止めたろか」という冗談が滋賀県の人から発せられることが時々あります。関東の人たちにとって困るのは，一つが群馬県の「利根川の水止めたろか」，そしてもう一つは茨城県の「食料の生産止めたろか」でしょう（もちろん，こんな言葉はありません）。実は茨城県は耕地率全国１位，耕地面積は全国３位（１位は当然北海道!!）なのです。これは，世界最大の首都圏人口を持つ東京圏の消費が理由。茨城によって東京は支えられているといっても過言ではないのです。ちなみに，意外かもしれませんが東京はトウガラシの生産が日本一だったことも（2012年）。これは温暖な小笠原諸島での生産がさかんであるからです。

参考文献
○伊藤賀一『「47都道府県」地図帖の深読み事典』宝島社，2020

日本の食料生産

組　　名前（　　　　　　　　　　　　）

✅ **問１**　次のものは実際にある作物の品種の名前。さて，どんな特ちょうがある？

①ほうれん草「イフリート」

　　Ａ：暑さに強い　　Ｂ：寒さに強い　　Ｃ：病気に強い

②トウガラシ「インドジン・ウソツカナイ」

　　Ａ：長い　　Ｂ：あまい　　Ｃ：からい

③ジャガイモ「デストロイヤー」

　　Ａ：プロレスのマスクに似ている　　Ｂ：真っ黒　　Ｃ：他の野菜をからす

✅ **問２**　熊本県で販売(はん)されるお米「くまさんの力」にはどんな力が？

　　Ａ：今までの稲(いね)より暑さに強い　　Ｂ：今までの稲より寒さに強い

　　Ｃ：今までの稲より水害に強い

✅ **問３**　熊本県が「くまさんの力」を作ったのは，現在，稲が＿＿＿＿＿＿い地域(いき)で多く生産される作物だから。（何が入る？）

✅ **問４**　教科書や資料集を見て答えよう。

米の収穫量(しゅうかく)が多いのは，北海道や　　九州・沖縄　　東北　　地方である。

✅ **問５**　「“日本では稲は〇い（質問３の答え）地域で多く生産されている”という法則は正しい。それは＿＿＿＿＿＿＿＿＿＿＿＿＿＿＿から分かる。」と資料を示(しめ)してまとめよう。

✅ **問６**　日本の食料生産〇×クイズ!!

①北海道には，人より牛が多い市町村がある　□

②茨城県には，人よりぶたが多い市町村がある　□

③桃太郎(もも)で有名な岡山県は，桃の生産日本一　□

④大阪府はかつてぶどうの生産日本一だった　□

☑問7　りんごジュースだけの自動販売機と，みかんジュースが出てくる じゃぐちはどこにある？

りんご：＿＿＿＿＿＿県　みかん：＿＿＿＿＿＿県

☑問8　りんごの産地の法則とみかんの産地の法則をつくって確かめよう。

りんごは ＿＿＿＿＿＿＿＿＿＿＿＿＿＿＿ 地域で生産される。

みかんは ＿＿＿＿＿＿＿＿＿＿＿＿＿＿＿ 地域で生産される。

☑問9　教科書や資料集を見て答えよう。

①わたしたちの食生活は　日本各地　スーパー　の農産物に支えられている。

②食べ物の生産は　自然（気候）条件　　人間関係　に大きく関わっている。

☑問10　産地の法則をつくろう！（①②③から1つずつ選ぼう）

①野菜（大根，キュウリ，キャベツ，その他）

②果実（桃，ぶどう，その他）

③畜産物（牛，ぶた，とり），魚

自分の担当する食べ物の法則

（食品名）＿＿＿＿＿＿

（食品名）＿＿＿＿＿＿

（食品名）＿＿＿＿＿＿

★みんなでつくった法則が当てはまるか，地図に表そう！

食料生産

02-2 日本の農業生産
—日本の米づくりの未来は明るい？　暗い？—

　日本の農業の王者といえば何といっても米づくり。言わずと知れた世界三大穀物であり，世界中でその需要は増え続けています。ただし，日本では1962年をピークにその消費量は減る一方。これからの農業はどうしていくべきか，米を中心に考えてみましょう。

ここで使える！ネタ一覧

大ネタ：お米，食べないならどんどん作る量を減らしていってよい？
中ネタ：米の安定栽培に250年かかった都道府県とは？
　　　　：鳥も食わぬ新潟や庄内の「鳥またぎ米」とは？
　　　　：みんなヤミ米が欲しかった!? ヤミ米が変えた米農家の世界
小ネタ：「山居倉庫」で働いた女性たち。さて，１つ60kgの俵を最高何kg背負った記録がある？

お米，食べないならどんどん作る量を減らしていってよい？

　1967年に明治初期以来のお米の自給が達成された日本。実はその５年前の1962年をピークに，お米の消費量は年々減少しています。農林水産省によると，1962年には１人当たり118.3kgを消費していました。消費が減少に転じたこともあり，政府は国を挙げて「減反政策」（米の生産を抑制する）に取り組みます。消費量はその後，2020年には１人当たり50.8kgまで減少しています。１人当たりの消費量が減っていても人口がそれ以上に増えていれば，お米の必要量は減りません。しかし，現在は人口が減少しています。この話題は日本の農業の未来をお米中心に考えるいい機会になります。

新潟，山形，北海道　今は1，2を争う米の名産地だけど…

「鳥またぎ米」。新潟県や山形県の庄内産の米はかつてそう呼ばれました。これは，「鳥も食わぬ」というくらい品質の悪いものであるという意味です。また，北海道で稲の試作が始まったのは1685年ごろ。ところが，1937年になってようやく北海道の全域で米の生産は可能になったのです。もちろん，北海道に住んでいる人々が稲作を必要としなかったこともあります。しかし，各社教科書で説明されるように，稲がもともと寒い地域の作物ではないことが影響しています。

では，今はどうなっているのでしょう。新潟県産のコシヒカリ，北海道産のゆめぴりか，ななつぼし，ふっくりんこ，山形県産のつや姫，雪若丸は，日本穀物検定協会が発表している2022年度産の食味ランキングで特Aを取得しています。これらの産地のお米は現在特Aの常連です。これらの地域のお米がここまで認められるようになるまでにどんな歴史があったのでしょう。品種としては新潟県ではコシヒカリが救世主となり，北海道では農林11号の開発が大きな役割を果たしました。庄内平野では品種以上に，人々の執念ともいうべき強い気持ちが米づくりを救いました。これはもちろん新潟や北海道にもいえます。人の心なくして現在の米どころの発展はなかったのです。

みんなヤミ米が欲しかった!?　ヤミ米が変えた米農家の世界

「ヤミ米」といえばどんなことが思い浮かぶでしょう。おそらくは「犯罪」「怪しい」など，ネガティブなイメージになるでしょう。一定の年齢以上の方々は覚えているかもしれませんが，かつての日本は「食糧管理制度」によって米の流通・価格を全面的に国が管理下に置いていました。米は生産から消費にいたるまですべて政府指定の決まった業者にしか売ることができないし，また，そこでの価格などもすべて政府によって決められており，それ以外の価格は認められず，違反すると罰則が科されるという決まりがあったの

です。ところが昭和40年代（1965年〜）から，正規のルート以外で販売する「自由米」＝「ヤミ米」が非合法ながら拡大します。もはや「コメ余り」の時代に突入していた日本。国の統制がむしろ足かせとなり，農家や消費者が損をするという構図になっていたのです。政府側もこの「ヤミ米」問題を見て見ぬふりをします。この「食糧管理制度」が「食糧制度」と名前を変え，公式に「誰でも自由に米を販売できるようになる」には2004年を待たなければなりませんでした。食糧政策の転換はその後，2018年に減反政策が終わりを告げるなど，現在過渡期にあるといえるでしょう。

参考文献・資料　（Web サイトは2023年10月25日最終閲覧）
○有坪民雄『〈イラスト図解〉コメのすべて』日本実業出版社，2006
○菅洋『稲を創った人びと―庄内平野の民間育種―』東北出版企画，1983
○佐伯尚美『米政策の終焉』農林統計出版，2009
○レニー・マートン著，龍和子訳『コメの歴史』原書房，2015
○21世紀政策研究所編『2025年 日本の農業ビジネス』講談社，2017
○石田勇人「"減反廃止" 後の米需給〜30年問題どう乗り越えるか」農政ジャーナリストの会
　『日本農業の動き』200号，2018
○畑中三応子『〈メイド・イン・ジャパン〉の食文化史』春秋社，2020
○学研教育総合研究所　小学生白書 Web 版｜2022年9月調査　4．日常生活について　好き
　な食べ物／嫌いな食べ物
　（https://www.gakken.jp/kyoikusouken/whitepaper/202209/chapter4/03.html）
○酒田市 HP｜庄内米歴史資料館
　（https://www.city.sakata.lg.jp/bunka/bunkazai/bunkazaishisetsu/syounaimai_siryoukan.
　html）
○ミツカン 水の文化センター　機関誌『水の文化』43号｜藩校〈致道館〉に見る庄内人気質
　（https://www.mizu.gr.jp/kikanshi/no43/01.html）
○農林水産省｜食料自給率のお話（連載）その3：お米の自給率
　（https://www.maff.go.jp/j/zyukyu/zikyu_ritu/ohanasi01/01-03.html）

単元プランの実際

第1時 （導入）	[小ネタで導入・展開] ○小学生の好きな食べ物ランキング，トップ3は何？ ○お米○×クイズ！ お米のウソ・ホント！！ [大ネタで揺さぶる] ○毎日食べているお米，実はどんどん作られる量が減っている。このまま減らしていってよい？ だめ？
第2時	[中ネタで考える素地をつくる] ○お米の育て方，どういうステップかな？ [大ネタで揺さぶる] ○作るのが大変なお米，どんどん作られる量が減っている。このまま減らしていってよい？ だめ？
第3時	[中ネタで考える素地をつくる] ○体験しよう！ どれが早く切れるかな？ 農業の今昔体験 [発問で深める] ○作業しやすくなるとなぜいいの？ [大ネタで揺さぶる] ○作るのが楽になっているお米。それでもどんどん作られる量が減っているのなら，このまま減らしていってよい？ だめ？
第4時	[中ネタで考える素地をつくる] ○絶対王者コシヒカリ！！ 実は最初は人気がなかった!? [大ネタで揺さぶる] ○こんなに苦労しないと支えられないお米栽培。このまま減らしていってよい？ だめ？
第5時	[小ネタで導入] ○「山居倉庫」で働いた女性たち。さて，1つ60kgの俵を最高何kg背負った記録がある？ ○昭和から平成にかけて大騒ぎになった「ヤミ米」とはどんな米？ [中ネタで深める] ○あなたならカントリーエレベーターに貯蔵する？ 直接売る？ [大ネタで揺さぶる] ○運ぶのにも保存するにもお金がかかるお米。このまま生産を減らしていって，それぞれ近くで買えばよい？ だめ？
第6時	[小ネタで導入] ○モスバーガーの「ライスバーガー」，開発された深い理由とは？ [大ネタに返してまとめる] ○今後，日本の農業はどのように進んでいくべきか？

食料生産

079

授業展開と発問例

🕐第1時

まずはクイズから。

(クイズ)「小学生の好きな食べ物ランキング，トップ３は何？」

Ａ：ポテトフライ　Ｂ：からあげ（フライドチキン）　Ｃ：お寿司

Ｄ：ラーメン　Ｅ：カレーライス

　答えは１位お寿司，２位ラーメン，３位カレーライスです。そして単に質問として，「では，３日以内にＡ～Ｅのどれかを食べた人？」と聞いてみましょう。そうすると何人かは手が挙がります。しかし，毎日食べるものではないことに気づかせます。続いて，

(発問)「次の中で，クラスで３日以内に食べた人が一番多いのは？　予想しよう！」　Ａ：ご飯　Ｂ：パン　Ｃ：トウモロコシ　Ｄ：イモ

と聞いてみましょう。これらはすべて「主食」であり，日本では特にご飯が主食であることに気づかせるのです。ここまでくるとようやく単なる食事の授業がお米の学習につながります。

(クイズ)「お米○×クイズ!!　お米のウソ・ホント!!」

①「お米を残すと目がつぶれる」という言い伝えがある　○

②昔は税金の代わりに「税米」を払っていた　○

③日本のお米がおいしいので，世界では日本と同じ種類が主流だ　×

④お米は日本で２番目に多く作られている農作物だ　×

⑤お米づくりを仕事にしている農家がない都道府県は２つしかない　×

　その後，教科書を読みます。そして，

(発問)「毎日食べているお米，実はどんどん作られる量が減っている。このまま減らしていってよい？　だめ？」

と尋ねます。「減らしている理由」を気にする子が出たら素晴らしいですね。調べるように促してもよいし，教師がいくつか情報を提示してもよいでしょう。クラスの状況で判断してください。ちなみに，ここでは学習内容はほとんど反映させなくても OK です。

🕐第2時

　ここもお米クイズから始めます。

クイズ 「お米○×クイズ！　お米のウソ・ホント!!」

①お米はもともと寒いところの植物だ　×

②おじいちゃんおばあちゃんが子供の時代（1960年代）までは，お米が足り
　なかった　○

③お米の生産量が一番多い都道府県は山形県だ　×（新潟県）

④世界には１年に３回米が収穫できるところがある　○

発問 「お米の育て方，どういうステップかな？　並べてみよう!!（１つ不要）」

種もみを選ぶ→＿＿＿＿→＿＿＿＿→＿＿＿＿→＿＿＿＿→稲かり

A：田おこし　　B：中干し　　C：田植え　　D：しろかき　　E：追い植え

田おこし：肥料をまいて田を掘り起こす　　中干し：田んぼの水を抜く

しろかき：水をはった田んぼを平らにする

追い植え：数日ずらして同じ田んぼに稲を植える（田への負担を減らすため）

　順序は，A→D→C→B　不要なのは「追い植え」。筆者の造語です。解
答発表前に教科書を読んでもよいでしょう。必ず作業名と写真を合わせる作
業を怠らないようにしましょう。そして最後です。

発問 「作るのが大変なお米，どんどん作られる量が減っている。このまま
減らしていってよい？　だめ？」

と，前時と同じ趣旨の発問をします。ここでは「お米づくりの苦労」が出て
くるとよいでしょう。

🕐第3時

　本時もお米クイズから。

クイズ 「お米○×クイズ！　お米のウソ・ホント!!」

①日本のお米は「ジャポニカ米」という種類で，世界の５割の生産　×

②アメリカの米は日本の２倍の値段　×

③オーストラリアの１家族の農地面積は，日本の１家族の千倍以上　○

そして授業につなげていきます。

発問 「体験しよう！ どれが早く切れるかな？ 農業の今昔体験」

　ここでは4パターンの農地を線に沿って切る体験をします（巻末参照）。どんどん人が減っている農家。実は人手不足だけではなく，技術の進歩によって必要な人が減ったからともいえます。「農業の大規模化」は国の目指している方向でもあります。そして教科書を読んで，

発問 「田の形を整え，区画を広げるなどして作業しやすくなるとなぜいいの？」

と問いましょう。高齢者でもできる，時間が浮くことでより広い農地を耕せ，収入増につながったり，休憩も含め，他のことに時間が使えたりするなどのメリットもあります。最後に，

発問 「作るのが楽になっているお米。それでもどんどん作られる量が減っているのなら，このまま減らしていってよい？ だめ？」

と尋ねましょう。今回の生産性について触れられるとよいでしょう。

🕐第4時

　ここもお米クイズから。

クイズ 「お米○×クイズ！ お米のウソ・ホント!!」

①日本で一番作られているお米はコシヒカリである　○

②コシヒカリのふるさとは新潟県である　×

③新潟や山形のお米は「鳥も食わぬ鳥またぎ米」といわれていた　○

発問 「なぜ，『鳥またぎ米』といわれたお米が今はおいしくなったのか？」

と問い，教科書を読んで米づくりに関わる人たちの努力について学びましょう。そして，

発問 「絶対王者コシヒカリ!! 実は最初は人気がなかった。理由はみんなの『わたしたちは＿＿＿＿＿＿米を求めていない!!』という声。さて何？」

　答えは「おいしいお米」もしくは「育てにくいお米」です。コシヒカリはとにかくおいしいお米でした。しかし当時はまだ米不足の時代。質より量だ

ったのです。さらにコシヒカリを育てるのにコツが必要だったことも農家に選ばれない理由でした。数年がたち，ついに1967年米の完全自給達成を迎え，「量より質」の時代に合わせてコシヒカリは日本中に広まったのです。

発問 「『新潟や山形のお米は十分においしいので，もうおいしくする努力は必要ない』に賛成か？」

と問いましょう。ここはあまり時間をかけず，最後に，

発問 「こんなに苦労しないと支えられないお米栽培。このまま減らしていってよい？　だめ？」

と問いましょう。「減らしてもいいけれど，努力は続けてほしい」などの葛藤の意見が出てくると面白いですね。

🕐第5時

今回はお米の収穫後から消費者に届くまでの学習です。ここでもクイズ。

クイズ 「お米クイズ！　お米のウソ・ホント!!」

昭和まで使われたお米の倉庫「山居倉庫」で働いた女性たち。1つ60kgの米俵の出し入れが仕事だった。さて，その俵を最高何kg背負った記録がある？

A：120kg　B：180kg　C：240kg　D：300kg

答えはD。「庄内米歴史資料館」の展示でもこの女性の模型があります。画像検索すれば出てきますので確認してください。とはいえ，この写真は観光用に撮られたとも。しかし最低180kgは担いでいたそう。現在はこのような人力の運搬ではなく，カントリーエレベーターの中で管理され，フォークリフトなどで運ばれています。

発問 「昭和から平成にかけて大騒ぎになった『ヤミ米』とはどんな米？」

A：違法に栽培された米　　B：違法に販売された米

C：違法に輸入された米

これは，B。2004年まで，実質お米は政府が管理するものでした。

発問 「では，その方法とは？」

Ａ：農家から直接米を買う　Ｂ：闇の組織から安く買う　Ｃ：スーパーで買う

　　答えはＡ。政府の認めたルート以外，例えば農家から直接買うと，それは違法となりました。この後，教科書を読みます。そして，

[発問]「あなたならカントリーエレベーターに貯蔵する？　直接売る？」

　　カントリーエレベーターを選んだら，貯蔵スペースは気にしなくてよいですし，ふくろづめから販売先，輸送も任せられます。一方，自分で直接販売すると手間はかかりますが値段は自分が決められますし，任せるコストも削減できます。しかし，売るところは自分で見つけなくてはなりません。子供たちはどのコストを選ぶでしょうか？　そして最後に，

[発問]「運ぶのにも保存するにもお金がかかるお米。このまま生産を減らしていって，それぞれ近くの店で買えばよい？　だめ？」

と尋ねましょう。

⏱第6時

[発問]「モスバーガーの『ライスバーガー』，開発された深い理由とは？」

Ａ：お米ばかり食べる人の多い日本ではお米がヒットすると思ったから

Ｂ：日本の人がお米を食べなくなってきてお米が余ってきたから

Ｃ：モスバーガーの「モス」は，ある国で「米」の意味だから

　　答えはＢ。コメ余りはこんなところにも影響していました。教科書を読んで現在の農業の問題と展望を学習し，最後に，

[発問]「今後，日本の農業はどのように進んでいくべきか？」

Ａ：米づくりを守り，発展させていくために農業にお金を使っていく

Ｂ：米づくりの生産の減少に目を向けるのではなく，他の農業や産業にお金を使っていく

と問いましょう。一人一人の葛藤，集団としての葛藤を生み出せるように，努力や工夫などの部分と，それでも実際減っているという社会の現状を考えて選ばせるとより社会のリアルに迫れると思います。

授業をもっと楽しくする +α ネタ

食料生産

(!) 絶対王者コシヒカリの苦悩　欲しいのはおいしさじゃない!?

　1979年から作付面積1位を守り続けるコシヒカリ。生まれたのは1944年の福井県で，そのおいしさは驚くべきものでした。しかし，初めに日の目を見るのは新潟県と千葉県で「奨励品種」に採用された1956年です。ところが農家から大不評。理由は，「おいしいなんて求めてない！」ということでした。当時が戦後の食料難ということだけではありません。ただ，まだ誰しも米をお腹いっぱい食べることができない時代。おいしくても，これまでの品種よりも収穫量が劣り，かつ育てにくいコシヒカリは時代が求めていなかったのです。しかし次第に新潟県全体に普及していき，そのころ（1967年），米の食料自給が達成されました。つまり，ようやくお腹いっぱいの米が食べられる時代が来たということです（もちろん，みんながみんなというわけではありません。統計上の話です）。そしてようやく日本の米が量より質の時代に入り，おいしい品種，コシヒカリが求められることとなるのです。

085

日本の農業生産

組　　名前（　　　　　　　　　　）

☑ **問１　小学生の好きな食べ物ランキング，トップ３は何？**

A：ポテトフライ　B：からあげ（フライドチキン）　C：おすし
D：ラーメン　E：カレーライス

１位：_____　　２位：_____　　３位：_____

☑ **問２　質問１のA〜Eの中で，３日以内に食べたものに〇をしよう！！**

☑ **問３　次の中で，クラスで３日以内に食べた人が一番多いのは？　予想しよう！　A：ご飯　B：パン　C：トウモロコシ　D：イモ　（〇をしよう）**

☑ **問４　お米〇×クイズ！　お米のウソ・ホント！！**

①「お米を残すと目がつぶれる」という言い伝えがある　☐

②昔は税金の代わりに「税米」をはらっていた　☐

③日本のお米がおいしいので，世界では日本と同じ種類が主流だ　☐

④お米は日本で２番目に多く作られている農作物だ　☐

⑤お米づくりを仕事にしている農家がない都道府県は２つしかない　☐

☑ **問５　教科書や資料集を見て答えよう。**

①米づくりのさかんな地域では，平野や盆地などの

　　平らな　　しゃ面の　　土地に水田が広がり，

　山や川からは栄養分をふくんだ　水　　土砂　が流れてくる。

②庄内平野では，夏のかわいた　季節風　　春一番　や，

　　日照時間　　雨の時間　の長さがじょうぶな稲を育てる。

☑ **問６　毎日食べているお米，実はどんどん作られる量が減っている。**
このまま減らしていってよい？　だめ？　　　よい　　だめ

理由

☑問7　お米○×クイズ！　お米のウソ・ホント！！

①お米はもともと寒いところの植物だ □

②おじいちゃんおばあちゃんが子どもの時代（1960年代）までは，お米が
足りなかった □

③お米の生産量が一番多い都道府県は山形県だ □

④世界には１年に３回米が収穫できるところがある □

☑問8　お米の育て方，どういうステップかな？　ならべてみよう！！
（１つ不要）

種もみを選ぶ→＿＿＿＿→＿＿＿＿→＿＿＿＿→＿＿＿＿→稲かり

Ａ：田おこし　　Ｂ：中干し　　Ｃ：田植え　　Ｄ：しろかき　　Ｅ：追い植え

★言葉の確認！

田おこし：肥料をまいて田をほり起こす　　中干し：田んぼの水をぬく

しろかき：水をはった田んぼを平らにする

追い植え：数日ずらして同じ田んぼに稲を植える（田へのふたんを減らすため）

☑問9　教科書や資料集を見て答えよう。

①新潟や山形などの地域の米づくりは，多くの場所で種もみがとどく
　１月　３月　から始まる。

②米づくりは，地域の人と　協力して　対立して　行われている。

③農薬をまくヘリコプターやコンバインなどは　共同　一人　で使う。

☑問10　作るのが大変なお米，どんどん作られる量が減っている。
　　このまま減らしていってよい？　だめ？　　　　よい　　だめ

理由

☑ 問11　お米〇×クイズ！　お米のウソ・ホント！！

①日本のお米は「ジャポニカ米」という種類で，世界の５割の生産 ☐

②アメリカの米は日本の２倍の値段（ねだん） ☐

③オーストラリアの１家族の農地面積は，日本の１家族の千倍以上

（平均）☐

☑ 問12　体験しよう！　どれが早く切れるかな？　農業の今昔（こんじゃく）体験

予想：一番早く切れるのは　A　B　C　D

☑ 問13　田の形を整え，区画を広げるなど作業しやすくなるとなぜいいの？

☑ 問14　教科書や資料集を見て答えよう。

①米づくりでは田に　動物　水　を入れたり，ぬいたり，

水の　温度　深さ　を調節したりすることが重要である。

②米づくりの生産性を　高める　下げる　ために田の　温度　形　を整え，

視野　区画　を広げ，水路や農道を整備して耕地　整理　整備　が

行われてきた。

③田や農道が広くなることで大きな　木　機械　が使いやすくなった。

④作業に機械を使うことで作業が　効率的（こう）に　楽しく　できるようになり，

以前と比べて作業時間が　増えた　減った　。

☑ 問15　作るのは楽になっているお米。それでもどんどん作られる量が減っているのなら，このまま減らしていってよい？　だめ？　よい　だめ

理由

☑️問16　お米○×クイズ！　お米のウソ・ホント!!
　　①日本で一番作られているお米はコシヒカリである □
　　②コシヒカリのふるさとは新潟県である □
　　③新潟や山形のお米は「鳥も食わぬ鳥またぎ米」といわれていた □

☑️問17　なぜ，「鳥またぎ米」といわれたお米が今はおいしくなったのか？　教科書を読んで考えよう!!

☑️問18　教科書や資料集を見て答えよう。
①米づくりを支える人たちには　JA　　JR　の人たちや，
　　研究者　　芸能人　がいる。
②作物は　品種改良する　　気合いを入れる　ことで，その土地の地形や気候に合わせたものを作ることができる。
③現在一番人気のコシヒカリは品種改良で作られ　た　　ていない　。

☑️問19　絶対王者コシヒカリ!!　実は最初は人気がなかった。理由はみんなの「わたしたちは＿＿＿＿＿＿＿＿＿米を求めていない!!」という声。さて何？

☑️問20　「新潟や山形のお米は十分においしいので，もうおいしくする努力は必要ない」に賛成か？　　　　　　　　　賛成　　反対

理由

☑️問21　こんなに苦労しないと支えられないお米栽培。
　　このまま減らしていってよい？　だめ？　　　　　よい　　だめ

理由

✓問22　お米クイズ！　お米のウソ・ホント！！

昭和まで使われたお米の倉庫「山居倉庫」で働いた女性たち。１つ60kgの米俵の出し入れが仕事だった。さて，その俵を最高何kg背負った記録がある？　　A：120kg　　B：180kg　　C：240kg　　D：300kg

✓問23　昭和から平成にかけて大さわぎになった「ヤミ米」とはどんな米？

　　A：違法な方法で栽培された米　　B：違法な方法で販売された米

　　C：違法な方法で輸入された米

✓問24　では，その方法とは？

　　A：農家から直接米を買う　　B：やみの組織から安く買う

　　C：スーパーで買う

✓問25　教科書や資料集を見て答えよう。

①米づくり農家の多くは，収穫された米を

　　　カントリーエレベーター　　　　自宅倉庫　に集める。

　　カントリーエレベーターでは温度管理もしている。

②輸送方法は出荷先に合わせて　変えていない　　変えている　。

③米づくりには人件費のほかに機械のお金など，様々な　費用　　手間　が

　　かかっているので，米の値段はすべてをふくめて決められる。

✓問26　あなたならカントリーエレベーターに貯蔵する？　直接売る？

　　　　　　　　　　　　カントリーエレベーターに貯蔵　　直接売る

それぞれのメリット，デメリットを考えて書いてみよう！！

✓問27　運ぶのにも保存するにもお金がかかるお米。このまま生産を減らしていき，それぞれ近くの店で買えばよい？　だめ？　　　よい　　だめ

理由

問28　モスバーガーの「ライスバーガー」，開発された深い理由とは？

　Ａ：お米ばかり食べる人の多い日本ではお米がヒットすると思ったから

　Ｂ：日本の人がお米を食べなくなってきてお米が余ってきたから

　Ｃ：モスバーガーの「モス」は，ある国で「米」の意味だから

問29　教科書や資料集を見て答えよう。

①日本の米づくりでは，よりよいお米を生産するためにいろいろな

　　工夫や努力　　おいのり　が行われている。

②日本の米づくりは，その地域の　名物　　気候の特色　を生かしている。

③農家とそれを支える人が　対立して　　協力して　米づくりをしている。

④米づくり農家にはいろいろな課題が　ある　　ない　。

問30　今後，日本の農業はどのように進んでいくべきか？

　Ａ：米づくりを守り，発展させていくために農業にお金を使っていく

　Ｂ：米づくりの生産の減少に目を向けるのではなく，他の農業や産業にお

　　金を使っていく

わたしが選んだのは：　　Ａ　　Ｂ

理由

食料生産

02-3 日本の漁業を考える
―日本の漁業にとって大事なことは何なのか？―

　「魚が切り身で泳いでいると思っていた」という嘘か本当か分からないような子供の話が広まったのは20年ほど前。動画サイトの普及や図鑑の発展によって最近はそのような意見が聞かれることも少なくなりました。一方で，食卓に魚が並ぶことが少なくなっているのもまた事実。かといって「魚をもっと食べよう！」という授業では物足りないのも自明です。ここでは漁業の方法や現状にとどまらず，漁業の未来から日本の未来まで考えさせましょう。

ここで使える！ネタ一覧

大ネタ：沿岸漁業，沖合漁業で獲れた魚はタダにすべき!?

中ネタ：200海里規制はよかった？　悪かった？　古今東西の立場で問う！
　　　　：プロ野球チームと漁業の意外な関係とは？

小ネタ：江戸時代に「ずるずる」「ねこまたぎ」といわれ，嫌われまくった寿司ネタとは？
　　　　：ヨーロッパで戦争の原因になった魚とは？
　　　　：東南アジアの一部で行われる「ダイナマイトフィッシング」とは？
　　　　：イカ釣り漁業の必需品，「メタハラ」とは？
　　　　：日本は今週第何位？「捕鯨オリンピックの時代」

沿岸漁業，沖合漁業で獲れた魚はタダにすべき!?

　この問いは簡単そうですが，子供たちが漁業の仕組みを学ぶうえでもかなり上質の問いといえます。一度，大阪教育大学の学生向けに模擬授業をしたときにも大学生ですら考え込んだ問いでもあります。魚が食卓に届くまでに

は多くの場所，人，事が関係します。その都度，コストがかかるのです。また，燃料費の高騰，自然災害などその時代その時代に応じたイレギュラーな出来事も出てきます。確かに，自然に生まれ，自然で育つ生き物ですから，獲った漁師がコストをかけて育てたわけではないのですが。ここでイカ漁に使う「メタハラ（メタルハライド灯）」，ツナ缶のアメリカ輸出のために必要な「ドルフィンセーフラベル」などのネタを織り交ぜながらその仕組みを学んでいくとよいでしょう。

200海里漁業水域のせいで日本の漁業は衰退したのか？

　世界の流れに従い，1977年に日本は「200海里漁業水域」を設定しました。それまでは世界中に船を出して漁業を行っていた日本の漁業は大打撃を受けた……とよくいわれます。確かに，「今まで獲れていた場所から締め出された」という意味ではそういえます。しかし，誰でも，どこでも，どれだけでも漁業を行えるとしたらどうでしょう？　捕鯨のようなオリンピック方式（後述）を行った結果，どうなるかは歴史が物語っています。かつて日本は世界一の技術，資金を持つ，すなわち他国に比べて力の強い漁業大国でした。しかし，日本の国力が下がってきている今，未来，力で勝負する漁業では確実に勝てないでしょう。そして，力任せの漁業では世界の魚は獲りつくされてしまい，資源は二度と元には戻りません。漁業は自然を相手にするものです。それぞれの国が自分勝手に漁業を行うのではなく，世界でルールを共有し，自然と付き合っていくことでしか未来を描くことはできないのです。

プロ野球チームと漁業の意外な関係とは？

　今は無きプロ野球チームの名前を聞くとき，その年齢によって「懐かしい！」と思えるものは違うかもしれません。国鉄スワローズ，サンケイアトムズ，東映フライヤーズ，阪急ブレーブス，南海ホークス，……。鉄道会社

が多いですが，他にも映画配給会社や新聞社などが目立ちます。これらはすべて日本の当時の花形ともいえる産業です。ここで注目したいのは92年まで存在した「大洋ホエールズ（現・横浜 DeNA ベイスターズ）」です（正確には50〜52年，55〜57年が大洋ホエールズ，78〜92年が横浜大洋ホエールズ）。この「大洋」というのは「大洋漁業」という会社。現在の「マルハニチロ」です。今のマルハニチロは冷凍食品のイメージが強いかもしれませんが，この冷凍技術はもともとクジラを中心とした遠洋漁業でのノウハウを生かしたものといえます。そして，何より，漁業が日本の産業の花形であった証明ともいえます。江戸時代に「ずるずる」「ねこまたぎ」と呼ばれていたマグロのトロが現在は高級食材になっていることも含めて，漁業の変化についてここから考えさせるとよいでしょう。

参考文献・資料　（Web サイトは2023年10月24日最終閲覧）
○キャシー・ハント著，龍和子訳『ニシンの歴史』原書房，2018
○中野秀樹編著『マグロの科学』朝倉書店，2022
○山下東子『魚の経済学　第 2 版』日本評論社，2012
○齋藤勝裕『SUPER サイエンス　鮮度を保つ漁業の科学』シーアンドアール研究所，2020
○農林水産省広報誌『aff』2020年 8 月号
○佐野雅昭『日本人が知らない漁業の大問題』新潮社，2015
○ Forbes JAPAN ｜回転寿司の人気ネタランキング，1 位は12年連続のド定番ネタ
　（https://forbesjapan.com/articles/detail/61716?read_more=1）
○農林水産省｜令和 4 年漁業・養殖業生産統計
　（https://www.maff.go.jp/j/tokei/kekka_gaiyou/gyogyou_seisan/gyogyou_yousyoku/r4/index.html）
○株式会社ゼネラル・オイスターHP　（https://www.oysterbar.co.jp/）
○農林水産省　にっぽん伝統食図鑑　（https://traditional-foods.maff.go.jp）
○ SEAFOOD FROM NORWAY　（https://seafoodfromnorway.jp）

単元プランの実際

第1時 （導入）	[小ネタ連発で動機づけ] ○漁業クイズで漁業を知ろう！ ○寒流暖流○×クイズ！ [発問で整理する] ○分けてみよう!! 暖流魚と寒流魚
第2時	[小ネタで動機づけ] ○驚きの漁法，「ダイナマイトフィッシング」とは？ ○イカ釣り漁業の必需品，「メタハラ」とは？ [大ネタで次時以降の布石とする] ○「沿岸・沖合漁業で獲れた魚はタダにすべき」に賛成？ 反対？
第3時	[小ネタで導入] ○新たな輸送システム「魚活ボックス」とは？ [大ネタで深める] ○「沿岸・沖合漁業で獲れた魚はタダにすべき」に賛成？ 反対？ [発問でまとめる] ○魚をタダにできないのは，○○にお金がかかっているから！
第4時	[小ネタで動機づけ] ○養殖代表！ 鯛で注目されている進化とは？ ○2023年に開発！「エイス シー オイスター2.0」とは？ [中ネタでまとめる] ○遠洋・沿岸・沖合・養殖（栽培）漁業で重要な順ランキング！
第5時	[小ネタで動機づけ] ○ヨーロッパやアメリカで大人気！日本生まれの食品「SURIMI」とは？ [発問で深める] ○「水産加工品」で知っているものをすべて挙げよう [発問でまとめる] ○「水産加工場」が漁港内にあるのはたまたまか？
第6時	[中ネタで導入] ○かつて漁業関係の会社が球団の親会社だったことがある。何という名前？ ○日本は今週第何位？「捕鯨オリンピックの時代」とは？ [大ネタの前に「漁獲量減少の原因」を予想する] ○70年代に遠洋漁業が落ち込んだのは？ ○90年代に沖合漁業が落ち込んだのは？ [中ネタ（発問）で単元のまとめをする] ○200海里規制はよかった？ 悪かった？ ○日本の漁業はこれから何を大切にすべきか？

食料生産

授業展開と発問例

⏱第1時

第1時はクイズでとにかく畳みかけるようにして漁業に興味をもたせます。

[クイズ]「漁業クイズ！」

①回転ずしの人気ネタランキング，ベスト３は？

答え：１位サーモン　２位マグロ　３位ハマチ・ブリ　４位エビ　５位中トロ

②日本で一番とれる魚とは？　→イワシ

③江戸時代に「ずるずる」「ねこまたぎ」といわれ，嫌われた寿司ネタは？

　　→トロ

④日本ではそばの具で有名な「ニシン」の秘密とは？（○×）

　　１　ヨーロッパで一番食べられる魚　　２　戦争の原因になったことがある

　　３　１つの群れで30億匹いることがある　　４　実はイワシもニシンの仲間

→１，３，４は○。２は「タラ」。タラ戦争で検索してみてください。

　　ここまでクイズをして教科書を読みます。そして，

[クイズ]「暖流寒流○×クイズ！」

①黒潮が流れる和歌山県では「黒潮市場」という市場が大人気

②黒潮の名前は，実際に海が黒く見えることからついた

③親潮は，「栄養が多く，魚や海藻を育ててくれる親のよう」だから

④リマン海流の名は，ロシア人の「リマンストロエフ」さんが見つけたから

⑤対馬海流は暖かいので，日本海側の大雪の原因になっている

⑥海流がぶつかる東北沖は，環境が悪く漁業に適さない

⑦冷たい海から来る「寒流魚」，暖かい海から来る「暖流魚」に分けられる

→①○　②○　③○　④×　⑤○　⑥×　⑦○

　　そして最後に，

[発問]「魚には暖流魚と寒流魚がいる。分けてみよう！」

→イワシ，マグロ，サバ，カツオが暖流魚，ニシン，鮭，タラが寒流魚

　教科書の地図を見ながら海流の整理をしていきましょう。

🕐第2時

[発問] 「東南アジアの一部で行われる『ダイナマイトフィッシング』とはどんな漁法?」

　これは「海の中で爆発物を爆発させ,浮いてきた魚を捕まえる」というもの。当然,現在日本では禁止されています。続いて,クイズ。

[クイズ] 「アメリカで売られているツナ缶にはイルカのマークがついていることがほとんど。さて,このマークは?」

Ａ:ツナ缶のブランドがイルカのマークのロゴを使っている

Ｂ:イルカに優しいツナ缶の印

Ｃ:「イルカ漁法」でツナ缶の原料がとられた印

　答えはＢ。これは「ドルフィンセーフラベル」といい,かつて原料のマグロを獲るときに多くのイルカが犠牲になったことから,「イルカを犠牲にする漁法は用いていません」という証明なのです。これら2つのクイズは,「漁業は獲れればいい」というものではなく,漁業には自然を大事にし,資源を守る役割もあるということを気づかせるための布石です。そして,

[発問] 「イカ釣り漁業の必需品,『メタハラ』とは?」

Ａ:すごく明るいライト「メタルハライド」

Ｂ:イカは金属が好き!! 漁師に対する「メタルハラスメント」

Ｃ:いろいろに形を変え,かつ,イスラムの法律で許された原料でできた漁具,「メタモンハラル」

　答えはＡ。イカ釣り漁船の明るさは宇宙からも見えることで有名です。

　その後,教科書を読んで

[発問] 「『沿岸・沖合漁業で獲れた魚はタダにすべき』に賛成? 反対?」

と問いましょう。どんなことにコストがかかっているのかに注目させることで漁業の仕事に迫ることができます。

🕐第3時

[クイズ] 「生きた魚を運ぶ新技術!! 動き回る魚を運ぶための画期的な箱,

『魚活ボックス』とは？」

Ａ：とにかく大きな箱に１匹ずつ入れて，自然に近い状態にする箱

Ｂ：とにかく狭く暗い箱に閉じ込めて動けないようにする箱

Ｃ：あるガスを入れて魚を眠ったような状態にする箱

　答えはＣ。農林水産省も注目する「魚活ボックス」は，二酸化炭素を一定量入れることで魚を眠ったような状態にさせ，ストレスなく，しかも運ぶ方も発泡スチロールに入れたり荷積みや荷下ろししたりする手間が削減できます。ここで，「節約できるもの」のクイズを出して「時間」「人手」に気づかせてもよいでしょう。つまり，このネタでは「新鮮さ」だけでなく，コスト面のメリットにも触れられるのです。そして，もう一度，

発問　「『沿岸・沖合漁業で獲れた魚はタダにすべき』に賛成？　反対？」

という立場だけ選ばせてから教科書を読みます。そして，

発問　「沿岸・沖合漁業で獲れた魚をタダにできないのは，○○にコストがかかっているから」

とまとめましょう。獲るコスト（燃料，人件費，道具），私たちのもとに届くまでのコスト（輸送，人件費，道具）などが出てくるとよいでしょう。

🕐第４時

クイズ　「養殖代表！　鯛で注目されている進化とは？」

Ａ：マッチョ　　Ｂ：数ｍの巨大な鯛　　Ｃ：骨が刺さらなくなった

　答えはＡ。ゲノム編集によって，筋肉の量が増えて身が1.2〜1.6倍に増えました。実用化もされています。

クイズ　「2023年に開発！『エイス　シー　オイスター2.0』とは？」

Ａ：大きいカキ　　Ｂ：食当たりにならないカキ　　Ｃ：成長が早いカキ

　答えはＢ。通販で購入もできます。このように，「養殖」という分野での漁業の進歩を学んだ後，教科書を読みます。そして，

発問　「遠洋・沿岸・沖合・養殖（栽培）漁業で重要な順にランキングをつけよう」

と言って学習のまとめにします。ここではそれぞれの漁法の特徴（メリット，デメリットも含めて）を整理するのが目的なので，どれが正解というものはありません。

🕐第5時

　ここもクイズで導入します。なお，漁港の設備や，水産加工の取り扱いがない教科書の場合はこの時間は省いても OK です。

クイズ「ヨーロッパやアメリカで大人気！ 日本生まれの食品『SURIMI』とは？」

　答えはカニカマ。なかなか出てこなければ選択式でもよいでしょう。次に，

発問「では，『SURIMI』は何からできている？」

と尋ねましょう。そしてそのまま，

発問「『水産加工品』で知っているものをすべて挙げよう」

と言ってしばらく時間をとります。その後教科書を読んでからもう一度書き加えさせてもよいでしょう。そしてまとめの発問。

発問「『水産加工場』が漁港内にあるのはたまたまか？」

と問いましょう。漁業は「原料指向型立地」といえますが，重量に重きを置いているわけではないことがポイントです。

🕐第6時

　いきなり発問から入りましょう。

発問「知っているプロ野球の球団を挙げよう」

　できれば12球団すべて挙げるとよいでしょう。そして，

発問「それぞれの球団を所有している会社（親会社）の名前と，何をしている会社かを調べてみよう！」

と問います。広島カープ以外は親会社を持ちます。その時代に大きな影響をもつ会社が球団を持ってきた歴史があることに触れましょう。そして，

発問「かつて漁業関係の会社が球団の親会社だったことがある。どれ？」

Ａ：国鉄スワローズ　Ｂ：サンケイアトムズ
Ｃ：東映フライヤーズ　Ｄ：大洋ホエールズ

　答えはＤ。大洋漁業。豆知識として現在の「マルハニチロ」であることを伝えてもよいでしょう。漁業が花形産業だった時代です。その後，

(発問)「この時代，毎週ニュースで『日本は今週，第〇位でした!!』と報道されていた。さて，何を競っていた？」　Ａ：つくった車の数
Ｂ：スポーツの大会のメダル数　Ｃ：クジラを捕まえた数（重さ）

　答えはＣ。1948年から70年代までを「捕鯨オリンピックの時代」と呼ぶことがあります。「よーいどん」で獲れるだけ水産資源を獲る時代です。教科書を読み，1970年代に遠洋漁業が一気に衰退していくことを捉えましょう。

　教科書に漁業別の漁獲高が分かる年表の資料がある場合は，以下の☆マークの発問をするとよいでしょう。

☆(発問)「1970年代に一気に遠洋漁業の漁獲量が減っている理由を探そう」

　理由は，200海里水域の設定と，オイルショックです。実はもう一つは「イワシの大量発生」でもあります。わざわざコストをかけて遠くへ出かけなくとも，沖合漁業で勝負ができる時代に偶然なったのです。次に，

☆(発問)「1990年代に一気に沖合漁業の漁獲量が減っている理由を探そう」

　理由は輸入の増加と書かれていることが多いですが，それだけでは説明がつきません。これは，「イワシの漁獲量の急激な落ち込み」です。その後は，

(発問)「200海里規制はよかった？　悪かった？」

と尋ねましょう。これはわざと立場を明確にしていません。子供たちの交流の中で「日本にとって」「世界にとって」「自然にとって」などと，複数の立場からの意見が出てくるようにコーディネートしていくのです。そうすると「日本にとっては悪かったかもしれないけど，他の国にとっては……」と複数の視点からまとめる力が身につきます。そして最後に，

(発問)「日本の漁業はこれから何を大切にすべきか？」

と尋ねましょう。単元で学んだ漁法に関することや資源に関すること，他国との関わりが出てくるとよいでしょう。

授業をもっと楽しくする +α ネタ

食料生産

！ 根室のサンマじゃなくて，根室のサバ!? 気候で変わる魚たち

　根室市の「温根沼貝塚」では，サバ類の骨が多く出土しました。これは変なこと。実はサバは現在の根室の海岸ではほとんど獲れないのです。誰かがここまで持ってきたのでしょうか？　いいえ，答えは「この時代は今よりも暖かかった」こと。サバは暖かい地域で多く獲れる魚です。この例から分かるように，当然のことながら魚たちは気候変動の影響を大きく受け，その生息域を常に変えながら生きているのです。

！ 子供の人気No.1！　サーモン寿司の歴史は意外と浅い？

　鮭＝サーモンというのは，言語では正解なのかもしれませんが，食べものとしては違うものと思っていいでしょう。日本ではそもそも鮭は加熱して食べるもの。生で食べるなどご法度です（このあたりの臨場感は，『美味しんぼ』30巻「鮭対決！」を読めばひしひしと伝わります）。では，いつから生鮭（サーモン）を食べるようになったのでしょう。答えは1980年代。実はサーモンの在庫がだぶついていたノルウェーの「プロジェクト・ジャパン」という作戦がきっかけでした。ノルウェーのサーモンには寄生虫がいないため生食が可能。そこでノルウェーが目をつけたのが生魚を食べることで有名な，しかも当時飛ぶ鳥を落とす勢いで世界に名を轟かせていた経済大国，日本。ここでの市場を見込んで売り込みをかけ，現在の人気につながったのです。

参考文献・資料　（Webサイトは2024年2月29日最終閲覧）
○西本豊弘・新美倫子編『事典　人と動物の考古学』吉川弘文館，2010
○ PRESIDENT Online ｜ なぜ日本人はこんなにサーモンを食べるようになったか…「寿司ネタになる」と確信した在日ノルウェー大使館員の戦略
（https://president.jp/articles/-/78515?page=4）

101

日本の漁業を考える

組　名前（　　　　　　　　　　　　）

✅問１　漁業クイズ！

①回転ずしの人気ネタランキング，ベスト３は？

| １位から５位→　マグロ　エビ　ハマチ・ブリ　サーモン　中トロ |

　　　　　１位：＿＿＿＿＿　　２位：＿＿＿＿＿　　３位：＿＿＿＿＿

②日本で一番とれる魚とは？　A：イワシ　B：マグロ　C：サケ　D：サバ

③江戸時代に「ずるずる」「ねこまたぎ」といわれ，きらわれたすしネタは？

　　A：ズワイガニ　B：トロ　C：サーモン　D：牛肉

④日本ではそばの具で有名な「ニシン」のひみつとは？（○×）

　　１　ヨーロッパで一番食べられる魚　　２　戦争の原因になったことがある

　　３　１つの群れで30億匹いることがある　　４　実はイワシもニシンの仲間

✅問２　教科書や資料集を見て答えよう。

①水深が200ｍくらいまでのゆるやかなしゃ面の海底を

　　　大陸だな　　浅せ　という。

②いつも決まった方向に流れる海水の流れを　海流　水流　という。

③日本の周りは　少ない　多様な　水産物がとれ，世界有数の漁場である。

✅問３　暖流寒流○×クイズ！

　①黒潮が流れる和歌山県では「黒潮市場」という市場が大人気 □

　②黒潮の名前は，実際に海が黒く見えることからついた □

　③親潮は，「栄養が多く，魚や海そうを育ててくれる親のよう」だから □

　④リマン海流の名は，ロシア人の「リマンストロエフ」さんが

　　　見つけたから □

　⑤対馬海流はあたたかいので，日本海側の大雪の原因になっている □

　⑥海流がぶつかる東北沖は，環境が悪く漁業に適さない □

⑦冷たい海から来る「寒流魚」，あたたかい海から来る「暖流魚」に分けられる □

✅**問4　魚には暖流魚と寒流魚がいる。分けてみよう！**（教科書を見てOK）

イワシ，ニシン，マグロ，サケ，タラ，サバ，カツオ

暖流魚：＿＿＿＿，＿＿＿＿，＿＿＿＿　　寒流魚：＿＿＿＿，＿＿＿＿，＿＿＿＿

✅**問5　東南アジアの一部で行われる「ダイナマイトフィッシング」とはどんな漁法？**（○をしよう）

　　Ａ：海の中でばく発物をばく発させる　　Ｂ：つつ状のわなをしかける

　　Ｃ：「ダイナマイト」という形にあみをしかけ，魚をおびきよせる

✅**問6　アメリカで売られているツナかんにはイルカのマークがついていることがほとんど。さて，このマークは？**

　　Ａ：ツナかんのブランドがイルカのマークのロゴを使っている

　　Ｂ：イルカにやさしいツナかんの印

　　Ｃ：「イルカ漁法」でツナかんの原料がとられた印

✅**問7　イカつり漁業の必じゅ品，「メタハラ」とは？**

　　Ａ：すごく明るいライト「メタルハライド」

　　Ｂ：イカは金属（ぞく）が好き!! 漁師に対する「メタルハラスメント」

　　Ｃ：いろいろに形を変え，かつ，イスラムの法律（りつ）で許（ゆる）された原料でできた漁具，「メタモンハラル」

✅**問8　教科書や資料集を見て答えよう。**

①遠くの海に出かけ，長い期間をかけてマグロやカツオをとる漁業を

　　沖合　　遠洋　漁業という。

②日本近海で数日かけてとる漁業を　沖合　　遠洋　漁業という。

　　サンマぼうあみ漁や，イワシ，アジ，サバなどをとるまきあみ漁が有名。

③漁師たちは天気や波，　水温　　海水の味　などの情報（じょうほう）を

　　見るだけ　　無線や電話など　で集めて漁に生かしている。

④光に集まるなど，魚の　習性　　趣味（しゅ）　を利用して漁が行われている。

✅問9 「沿岸・沖合漁業でとれた魚はタダにすべき」に賛成？ 反対？

<u>　　　賛成　　　反対　　</u>

理由

✅問10 生きた魚を運ぶ新技術!! 動き回る魚を運ぶための画期的な箱，「魚活ボックス」とは？

A：とにかく大きな箱に1匹ずつ入れて，自然に近い状態にする箱

B：とにかくせまく暗い箱にとじこめて動けないようにする箱

C：あるガスを入れて魚をねむったような状態にする箱

✅問11 実は，この方法を使うと〇〇の節約になる。それは？

A：時間　B：ガソリン　C：人手

✅問12 「沿岸・沖合漁業でとれた魚はタダにすべき」？　<u>賛成　　　反対　</u>

✅問13 教科書や資料集を見て答えよう。

①漁でとれた魚は<u>　スーパー　　漁港　</u>に<u>　水あげ　　陸あげ　</u>される。

②漁港では<u>　好ききらい　　種類や大きさ　</u>で分けられ，

　<u>　すり　　せり　</u>にかけられる。

③漁港ではしんせんさを保つため<u>　時間をかけて　　すばやく　</u>荷づくりが

　行われ，保冷トラックなどで温度を<u>　一定に　　上げ下げ　</u>して運ばれる。

④魚は生きたまま運ばれることが<u>　ある　　ない　</u>。

✅問14 「沿岸・沖合漁業でとれた魚をタダにできないのは，〇〇にコストがかかっているから」（何が入る？）

水産物をとるためのコスト（お金，手間）

水あげされて，わたしたちのもとにとどくまでのコスト（お金，手間）

✅ 問15　漁業クイズ！

①養殖代表！　鯛で注目されている進化とは？

　　Ａ：マッチョになった　　Ｂ：数ｍの巨大な鯛になった

　　Ｃ：骨がささらなくなった

②2023年に開発！「エイス　シー　オイスター2.0」とは？

　　Ａ：大きいカキ　　Ｂ：食当たりにならないカキ　　Ｃ：成長が早いカキ

✅ 問16　教科書や資料集を見て答えよう。

①つくり，育てる漁業のことを＿＿養殖＿＿　製造　漁業といい，

　鯛やブリ，フグなどの魚，ホタテ，のりなどまで様々な種類で行われて

　＿＿いる＿＿　いない＿＿。

②養殖漁業は他に比べてある程度＿計画的＿＿　非計画的　に出荷ができるの

　で，＿安定した＿＿　不安定な　収入を得ることができる。

③養殖漁業では，出荷までの間に＿放っておいて＿＿　様々な手間をかけて＿＿

　水産物を育てている。

④養殖漁業では，＿赤潮＿＿　黒潮＿＿のえいきょうで大きなひ害にあうなど，

　環境のえいきょうを＿大きく受ける＿＿　全く受けない＿＿。

⑤養殖漁業では，長い年月をかけて魚などについて＿研究＿＿　勉強　して

　養殖の＿技術＿＿　モチベーション＿＿を高める努力をしている。

⑥栽培漁業とは，＿人の手＿＿　動物の手＿＿で魚や貝のたまごをかえし，川や

　海に放流して，自然の中で育ててからとる漁業のこと。

⑦養殖漁業や栽培漁業の進歩により，＿安定して＿＿　不安定に　魚をとれる

　ようになることが期待されている。

✅ 問17　遠洋・沿岸・沖合・養殖（栽培）漁業で重要な順ランキング！

　　　　　１位：＿＿＿＿＿＿　　２位：＿＿＿＿＿＿　　３位：＿＿＿＿＿＿

いいところ
悪いところ
いいところ
悪いところ

いいところ
悪いところ

✅ **問18 ヨーロッパやアメリカで大人気!! 日本生まれの食品「SURIMI」とは?**

_____

✅ **問19 では,「SURIMI」は何からできている?**

A:カニ　B:魚のすりみ　C:大豆

✅ **問20 「水産加工品」で知っているものをすべて挙げよう。**

✅ **問21 教科書や資料集を見て答えよう。**

漁港の近くに水産加工場があるのは, しんせんな　しんせんでない 材料を使って商品を作るため, そして, 運ぶ時間や 費用　気持ち をおさえるため。

✅ **問22 「水産加工場」が漁港内にあるのはたまたまか?**

たまたま　理由がある

✅ **問23 知っているプロ野球の球団を挙げよう。**

✅ **問24 それぞれの球団を所有している会社(親会社)の名前と,何をしている会社かを調べてみよう!**

☑️ **問25　かつて漁業関係の会社が球団の親会社だったことがある。どれ？**

　　A：国鉄スワローズ　　B：サンケイアトムズ

　　C：東映フライヤーズ　　D：大洋ホエールズ

☑️ **問26　この時代，毎週ニュースで「日本は今週，第○位でした!!」と報道されていた。さて，何を競っていた？**

　　A：つくった車の数　　B：スポーツの大会のメダル数

　　C：クジラをつかまえた数（重さ）

☑️ **問27　教科書や資料集を見て答えよう。**

①遠洋漁業の漁獲量は　1970年代　　1980年代　に大きく落ちこんでいる。

　理由の一つは，オイルショックとよばれる燃料の値上げである。

②1970年代に遠洋漁業の漁獲量が落ちこんでいるのは，オイルショックと，

　　200海里水域の設定　　300海里水域の設定　によるといわれる。

③沖合漁業の漁獲量は　1970年代　　1990年代　に大きく落ちこんでいる。

　理由の一つは，イワシの漁獲量の低下である。

④遠洋漁業や沖合漁業の漁獲量が減ってきたのは，漁場の環境の

　　改善　　悪化　やとりすぎによって魚自体が少なくなったからといわれ

　ている。また，　国内　　海外　から安く輸入されるようになったことも

　えいきょうしている。

⑤世界の魚食ブームも漁獲量の低下に関係　ある　　ない　。

⑥現在，漁業で働く人の数は　増加　　減少　している。

☑️ **問28　200海里規制はよかった？　悪かった？　　よかった　　悪かった**

☑️ **問29　日本の漁業はこれから何を大切にすべきか？**

食料生産

02-4 日本の食料生産はどうあるべき？
―食料自給率 UP だけでよいのだろうか？―

　「食料自給率は上げるべき」という論調は，数十年前から主流のままです。しかし，本当に「上げる」一辺倒でよいのでしょうか。また，食品ロスを防ぐためには「完全管理，配給制」を敷くとよいのですが，賛成する人はいないでしょう。そもそも，石油などの資源が乏しい日本の国土で全人口の食料生産をカバーするのは不可能。石油を使わないで，自給を達成するには江戸時代レベルの人口に落とすしかありません。つまり，他国とのつながりをもちながら，日本の産業を守っていく。そのバランスを考える単元となります。

ここで使える！ネタ一覧

大ネタ：農林水産省が発表！ 国産食物だけの献立。そのメニューとは？

中ネタ：米，卵，牛乳，牛肉。主要食料品の自給率を予想しよう！

　　　　：米粉パンを 1 か月に○個食べると食料自給率が 1 ％上がる！

　　　　：日本の小中学生は，給食で年間平均 1 人お茶碗92杯分を○○ている！

　　　　：石油の値段が上がると野菜の値段が上がるのは？

　　　　：日本中が震撼！「平成の米騒動」とは!?

　　　　：どんな食べ物？ みかん鯛　マッチョ鯛　あなたに逢い鯛。

💡 農林水産省が発表！ 国内農業生産だけで 1 日の献立を作る

　データは少し古くなりますが，2005年に農林水産省は，輸入が完全にストップする事態を想定し，国内農業生産だけで 1 日の2020キロカロリーを得られる献立例を作成しました。朝食は「ご飯お茶碗 1 杯，蒸かしいも（じゃが

いも）２個，ぬか漬け１皿」，昼食「焼きいも（さつまいも）２本，蒸かしいも（じゃがいも）１個，りんご４分の１個」，夕食「ご飯お茶碗１杯，焼きいも（さつまいも）１本，焼き魚１切」だそう。それに，数日に１回うどんやみそ汁を加えます。ちなみに，牛乳は６日にコップ１杯。これを毎日となると……。正直厳しいと言わざるを得ません。

米粉パンを○個食べると食料自給率が１％上がる!?

農林水産省によると，「国産米粉パンを１か月に３つ食べると食料自給率が１％上昇する」とされています。１人１か月25個ほど食べると，政府目標の45％を達成することになります。ちなみに日本の食料自給率は2022年，カロリーベースで38％でした。数値が低いということはそれだけ輸入に頼っているということです。しかしこれは，普段からいくつもの国と取引し，リスクヘッジをしているという点では悪いことばかりではないかもしれません。1993年の「平成の米騒動」を経験している身としては，いざというときに輸入先がないとどうなるかということも何となくですが実感できます。

日本の小中学生は，年間平均お茶碗92杯分の給食を…？

「日本の小中学生は，給食で年間平均１人お茶碗92杯分を捨てている」。これは衝撃のデータです。実際，１人７kgの食べ残しがあります。このような意外な情報や意見は他にもあります。例えば，「形の悪い野菜を安く売る」というものです。農学博士の篠原信氏によると，「（形の悪い野菜を安く売ると）消費者はスーパーに並ぶ妥当な価格に手を出さなくなる」そうです。そもそも食べ物は「消費量＝生産量」と言うことが不可能です。そのためには毎日の献立を国が管理し，材料を完全配給制にする必要があります。しかし現実的にはそれは不可能。給食も，欠席者や学級閉鎖の場合を考えると，必ず廃棄は出ます。足りないよりは余る方がよいのですから，当然余剰がある

109

状態です。それが健全な状態なのでしょう。実際，ヨーロッパの国々の食品廃棄率は，日本と同量か，むしろ多いのです。

参考文献・資料　（Web サイトは2023年10月24日最終閲覧）
○農林水産省『いちばん身近な「食べもの」の話』2011，p.12
○竹下正哲『日本を救う未来の農業―イスラエルに学ぶ ICT 農法』筑摩書房，2019
○畑中三応子『〈メイド・イン・ジャパン〉の食文化史』春秋社，2020
○井出留美著，mastu 絵『捨てられる食べものたち』旬報社，2020
○篠原信『そのとき，日本は何人養える？ 食料安全保障から考える社会のしくみ』家の光協会，2022
○三輪泰史編著『図解よくわかるスマート水産業 デジタル技術が切り拓く水産ビジネス』日刊工業新聞社，2022
○農林水産省｜食料自給率のお話（連載）その１：食料自給率って何？日本はどのくらい？
（https://www.maff.go.jp/j/zyukyu/zikyu_ritu/ohanasi01/01-01.html）

単元プランの実際

第１時 （導入）	［小ネタで導入］ ○主要食料品の自給率を高い順に並べよう！ ［発問で確認する］ ○日本の食料生産はどうあるべきか？ ［中ネタで深める］ ○農林水産省が発表！ 国産食物だけの献立とは？ ［発問で深める］ ○日本の食料生産はどうあるべきか？
第２時	［小ネタで導入］ ○米粉パンを１か月に○個食べると，食料自給率が１％上がる！ ［小ネタで深める］ ○小中学生は給食で年間平均１人お茶碗92杯分を○○ている！ ［発問で深める］ ○食料自給率を増やすために，食生活を変えるべきか？ ○日本の食料生産はどうあるべきか？
第３時	［中ネタで導入］ ○どちらを選ぶ？ 国産と外国産 ［中ネタで突っ込む］ ○石油の値段が上がると野菜が値上がりする！それはなぜ？

	[発問で深める] ○食材を選ぶときの優先順位は？ ○日本の食料生産はどうあるべきか？
第4時	[小ネタで導入] ○日本中が震撼！「平成の米騒動」とは？ [発問で整理する] ○今の日本の食料生産の問題点とは？ [発問で深める] ○日本の食料生産はどうあるべきか？
第5時	[小ネタで導入] ○どんな食べ物？　みかん鯛　マッチョ鯛　あなたに逢い鯛。 [発問でまとめる] ○日本の食料生産はどうあるべきか？

授業展開と発問例

🕐 第1時

　導入発問です。

[発問]　「『自分の国でどれだけその食べ物を作っているか』という割合のことを『食料自給率』という。では，次の食べ物を自給率の高い順に並べよう！」

　ここでは例えば①米　②小麦　③牛乳（乳製品）④卵　⑤牛肉　⑥大豆　と問います。答えは，①米（97％）→③牛乳（乳製品）（59％）→②小麦（16％）→④卵（12％）→⑤牛肉（9％）→⑥大豆（6％）です（いずれも重量ベース，令和元年度）。なお，卵，牛乳（乳製品），牛肉は飼料の輸入などを加味した実質自給率です。これが加味されないと，卵は96％，牛乳（乳製品）は25％，牛肉は35％です（いずれも重量ベース）。次に，

[発問]　「日本の食料生産はどうあるべきか？」

と問いましょう。ここでは導入から単純に，「自給率を上げなくては！」などが出てくるとよいので時間は短くて構いません。そして，教科書を読み，

[発問]　「農林水産省が発表した献立。何の献立？」

Ａ：戦時中の献立　　Ｂ：戦後すぐの献立　　Ｃ：農林水産省おすすめの献立

　ここで必ず画像を見せましょう。答えはＣ。さらに「なぜこのメニューを

111

おすすめしているの？」と軽く聞くとよいでしょう。それは，「国内食物だけで必要なカロリーを得るための献立だから」。注意すべきなのは，農業や漁業で学習した通り，様々な食物の種類があるのにもかかわらずこのメニューがベストということ。ここを説明しないと最後の発問で，「いろいろなものをもっと植える」など，見当違いの答えが出てきます。最後に，

発問 「日本の食料生産はどうあるべきか？」

と尋ねましょう。食料自給率と食べたいものの葛藤が出てくると OK です。

🕐第2時

ネタで導入します。

発問 「米粉パンを1か月に〇個食べると，食料自給率が1％上がる！ さて何個？」 A：30個 B：20個 C：10個 D：3個

答えは，D。そして，計算上は毎日1個食べると12％上がることになりますので紹介するとよいでしょう。続いて，

クイズ 「小中学生は給食で年間平均1人お茶碗92杯分を〇〇ている！（何が入る？）」

とクイズを出します。答えは「捨てている」。実は給食には毎日予備分も用意されていることにも触れるとよいでしょう。そして教科書を読む前に，

発問 「食料自給率を増やすために，食生活を変えるべきか？」

と尋ね，読み終わってから答えさせましょう。最後に，

発問 「日本の食料生産はどうあるべきか？」

と聞いてこの時間のまとめとします。

🕐第3時

子供，そして大人の価値観を揺さぶる質問を立て続けにします。

発問 「どちらを選ぶ？ 国産と外国産」

値段は現実と同じとして日本の方が高いとしましょう。

①国産の牛肉とアメリカ産の牛肉　②国産の鶏肉とブラジル産の鶏肉

112

③国産のニンニクと中国産のニンニク

④国産のぶどうを使ったゼリーとフランス産のぶどうのゼリー

⑤国産リンゴのタルトとドイツ産リンゴのタルト

⑥国産トマトのトマトジュースとベルギー産トマトのトマトジュース

　意外かもしれませんが，2017年にEPAが結ばれており，今後もEU産の食物の関税が次々と撤廃されていきます。ヨーロッパの野菜は日本よりも安いですから，日本よりも安い価格で販売されていくことが十分想定されていくのです（詳しくは参考文献『日本を救う未来の農業』）。次に，

発問 「石油の値段が上がると野菜が値上がりする！ それはなぜ？」

と考えさせてみましょう。答えは，「輸送や生産（特にビニールハウス）で石油を大量に使うから」。そして，教科書を読み，

発問 「食材を選ぶときの優先順位は？ 値段，産地，安全，地産地消，環境から３つ！」

と問いましょう。この内容は授業者が変えても構いません。最後に，

発問 「日本の食料生産はどうあるべきか？」

と問うて学習のまとめとしましょう。

🕐第４時

　小ネタで導入しましょう。

発問 「1993年と2023年の８月の気温を比べて気づいたことは？」

　ここでは，「1993年は今よりも涼しい」などと出てくるとよいです。

発問 「この気温によって，お米にある影響が。さてそれは？」

A：涼しかったので，いつもよりもお米が1.5倍獲れ，安くなった

B：涼しかったので，記録的不作となり，お米が足りなくなって国産米が手に入らなくなった

C：涼しかったので，いつもよりつやのあるおいしいお米になった

　答えはB。国内自給率ほぼ100％だったお米は，当初輸入先が見つかりませんでした。結局タイの米が輸入されることになりましたが日本の品種との

違いにより，必ずしも好評とはいえなかったことも付け加えましょう（今は海外のお米もおいしいです）。この騒ぎは「平成の米騒動」と呼ばれました。ここからは「自給率100％の罠」に気づかせたいところです。続いて発問で整理をしていきます。

発問 「今の日本の食料生産の問題点とは？」

と聞いてから教科書を読みます。そして，発問で深め，まとめます。

発問 「日本の食料生産はどうあるべきか？」

⏰第5時

　小ネタで導入します。

発問 「これはどんな食べ物？」

　①みかん鯛　②マッチョ鯛　③あなたに逢い鯛。

→①柑橘類の皮を餌に育てた愛媛の鯛。臭みが少なく，柑橘の香りがする。

→②筋肉の量が通常よりも多い養殖鯛。もちもちした食感。

→③鯛の名産地，三重県迫間浦のブランド鯛。

　ここから，「ブランド化」という戦略について確認するために教科書を読みましょう。そして，

発問 「日本の食料生産はどうあるべきか？」

Ａ：日本の食料生産を守り，発展させていくためにお金を使っていく

Ｂ：食料は今のように輸入にたより，他の産業にお金を使っていく

と尋ねて単元のまとめとします。

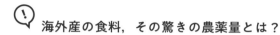

海外産の食料，その驚きの農薬量とは？

多くの人が国産を選ぶ理由の一つが「安全・安心」でしょう。その中の判断基準の一つが「農薬」である人も多いのではないでしょうか。農薬は現在の農業にとって，なくてはならないものです。法律を超えた量や，法律に違反した成分のものは使用することができません。しかし，何となく悪いものだと感じている人が多いのは事実です。では，先述の参考文献から農薬量に絞って各国の農業を見てみましょう。

アメリカ：日本の5分の1　　　イギリス：日本の4分の1
ドイツ：日本の3分の1　　　　フランス：日本の3分の1
デンマーク：日本の10分の1　　ブラジル：日本の3分の1
インド：日本の30分の1

これを見ると，はっきりいって，農薬量だけで安全性を語るのはナンセンスだということが分かります。一方で気にする人が多いのも事実。少し参考にしてみてください。

日本の食料生産はどうあるべき？

組　名前（　　　　　　　　　）

✓問１　「自分の国でどれだけその食べ物を作っているか」という割合のことを「食料自給率」という。では，次の食べ物を自給率の高い順にならべよう！

①米　②小麦　③牛乳（乳製品）　④たまご　⑤牛肉　⑥大豆

＿＿＿＿→＿＿＿＿→＿＿＿＿→＿＿＿＿→＿＿＿＿→＿＿＿＿

✓問２　日本の食料生産はどうあるべきか？

✓問３　教科書や資料集を見て答えよう。

①現在，日本の食料自給率は約　40%　80%　（カロリーベース）である。

②これは，他の国に比べて　低い　高い　。

③日本は　限られた　世界中の　国から食物を輸入している。

✓問４　農林水産省が発表したこんだて。何のこんだて？（○をしよう）

A：戦時中のこんだて　　B：戦後すぐのこんだて

C：農林水産省おすすめのこんだて

> 朝食：ご飯お茶わん１ぱい，ふかしいも（じゃがいも）２個，ぬかづけ１皿
> 昼食：焼きいも（さつまいも）２本，ふかしいも１個，りんご４分の１個
> 夕食：ご飯お茶わん１ぱい，焼きいも１本，焼き魚１切れ
> ２日に１回ならうどんかみそしる OK，６日にコップ１ぱいの牛乳OK　など

✓問５　日本の食料生産はどうあるべきか？

☑ 問6　米粉パンを1か月に〇個食べると，食料自給率が1％上がる！
さて何個？
　A：30個　B：20個　C：10個　D：3個

☑ 問7　小中学生は給食で年間平均1人お茶わん92はい分を〇〇ている！
（何が入る？）　　　　　　お茶わん92はい分を＿＿＿＿＿＿＿＿＿＿ている！

☑ 問8　食料自給率を増やすために，食生活を変えるべきか？
　　　　　　　　　　　　　　　　変えるべき　　変えなくてもいい

理由

☑ 問9　教科書や資料集を見て答えよう。
①近年，わたしたちの食生活は大きく　変化している　変化していない　。
②洋食を食べることが多くなり，　魚から肉　肉から魚　へと，そして
　　米からパン　パンから米　へと変化した。
③現在の食生活のために，様々な食料を　輸入　輸出　している。
④昔も今も，お米は全国で生産され，自給率が　高い　低い　が，消費の
　増えた　牛肉などの畜産物　お米　の多くは輸入にたよっている。

☑ 問10　日本の食料生産はどうあるべきか？
（食料自給率，輸入についても入れよう）

☑ 問11　どちらを選ぶ？　国産と外国産
※値段は日本の方が高い。
①　国産の牛肉　と　アメリカ産の牛肉

② 　国産のとり肉　と　ブラジル産のとり肉

③ 　国産のニンニク　と　中国産のニンニク

④ 　国産のぶどうを使ったゼリー　と　フランス産のぶどうのゼリー

⑤ 　国産リンゴのタルト　と　ドイツ産リンゴのタルト

⑥ 　国産トマトのトマトジュース　と　ベルギー産トマトのトマトジュース

☑ **問12　石油の値段が上がると野菜が値上がりする！　それはなぜ？**

から。

☑ **問13　教科書や資料集を見て答えよう。**

①他の国の状況によって輸入ができなくなることが　ある　　ない　。

②野菜売り場によっては，生産者の　趣味　　名前や顔　が分かるようになっていることがある。

③外国の食品を輸入するときは，　その国　　日本　の法律に合っているかの検査が　行われる　　行われない　。

④畜産物の　産地　　性格　や育て方の　コツ　　記録　が分かるように　トレーサビリティ　　モビリティ　の仕組みが整えられている。

☑ **問14　食材を選ぶときの優先順位は？**
　値段，産地，安全，地産地消，環境から３つ！

理由（かんたんに）

☑ **問15　日本の食料生産はどうあるべきか？**

✅問16　1993年と2023年の８月の気温を比べて気づいたことは？

8月の気温(℃)		1日	2日	3日	4日	5日	6日	7日	8日
最高気温	2023	33	34	35	36	35	34	34	35
	1993	32	26	20	23	24	20	24	24
最低気温	2023	22	24	26	26	27	26	25	26
	1993	24	20	18	18	19	18	19	20

気象庁 HP より作成

気づいたこと

✅問17　この気温によって，お米にあるえいきょうが。さてそれは？

A：すずしかったので，いつもよりもお米が1.5倍とれ，安くなった

B：すずしかったので，記録的不作となり，お米が足りなくなって国産米が手に入らなくなった

C：すずしかったので，いつもよりつやのあるおいしいお米になった

✅問18　今の日本の食料生産の問題点とは？

✅問19　教科書や資料集を見て答えよう。

①日本で食料生産をする人の数は　増加　減少　している。

②田畑の面積は　増加　減少　している。

③地元でとれた食料を使っていくことを　地産地消　地場産業　という。

④地産地消は食料自給率の増加や石油の使用　増加　減少　にもつながる。

✅ 問20　日本の食料生産はどうあるべきか？
（輸入のリスクと自給のリスクなど）

✅ 問21　これはどんな食べ物？
①みかん鯛　②マッチョ鯛　③あなたに逢い鯛。

① _____

② _____

③ _____

✅ 問22　教科書や資料集を見て答えよう。

新たな食料生産として，ブランド化するなど，<u>　工夫して　　気合いで　</u>

これからの食料生産の発展につなげようとしている。

✅ 問23　日本の食料生産はどうあるべきか？

Ａ：日本の食料生産を守り，発展させていくためにお金を使っていく

Ｂ：食料は今のように輸入にたより，他の産業にお金を使っていく

わたしが選んだのは：　<u>Ａ　　　Ｂ</u>

理由

語句確認・クイズの答え

＊各ワークシートで，教科書や資料集を使って確認をさせる語句・クイズの答えです。

国土01-1　世界の国や日本はどんな国？

問4 〈語句確認〉①６，３　②海　③インド洋，太平洋　④ユーラシア

問5 ①インド　②大韓民国　③ロシア連邦　④エジプト　⑤イギリス　⑥ブラジル

問8 〈考えよう〉①北半球，日本海，北東

問10 〈語句確認〉①太平洋　②本州，南北　③６　④200海里，行える　⑤固有の

問12 〈語句確認〉①中心　②山地　③九州

問14 〈語句確認〉①短く，急　②信濃川

国土01-2　低い土地と高い土地のくらし

■低い土地

問1 展開例を参照　問3 〈語句確認〉①川　②低く　③輪中

問5，6 展開例を参照　問7 〈語句確認〉①木曽川，長良川，揖斐川

②水害，治水　③少なく　④水防訓練　⑤石垣　問9 展開例を参照

問10 〈語句確認〉①稲作，排水，沼　②舟　③排水機場，野菜や果物　④生か

問12 展開例を参照　問13 〈語句確認〉①多い　②自然　③水，産業

■高い土地

問2 〈語句確認〉①高い山，火山灰　②少ない，貧しい　③畑作，キャベツ

④すずしい　問3 １億5000万　問5 A，B，D

問6 〈語句確認〉①やせて　②増やし　③すずしい，全国に

問11 〈語句確認〉①近い，少ない　②人の手　③低温　④強み，気候　問14 ③

問15 〈語句確認〉①自然や気候　②夏　③さけて　④自然や気候

国土01-3　日本の気候の特色

問4 〈語句確認〉①夏から秋　②四季　問8 A

問10 〈語句確認〉①６月中ごろから７月　②南　③中心　④山地，火山　⑤季節風

⑥南東，太平洋側，北西，日本海側　問12 A　問13 B　問14 A　問15 A

問17 〈語句確認〉①冬，少ない　②雪　③大きく　④高く，夏や秋

121

⑤あたたかく，少ない　⑥多い　⑦急，大きな　⑧南北，いる

国土01-4　あたたかい土地と寒い土地のくらし
■沖縄
問2 ①○　②×　③○　問3 〈語句確認〉①台風，石垣　②しっくい，広く
③コンクリート，水不足　問7 〈語句確認〉①気候　②果物　③電灯，調整，冬
問8 あたたかい　問10 ①○　②×（一番南は東京都）　③×（３月から４月）
④○　問11 〈語句確認〉①観光業　②砂浜　③守り　④多い　⑤あたたかい，産業
問15 〈語句確認〉①エイサー　②特産物　③文化
■北海道
問2 ①○　②○　③×（青森県が１位）　④○　⑤○
問3 〈語句確認〉①二重にして　②熱　③工夫　④つくったりしている　⑤冬の寒さ
問5 C　問6 25　問7 B　問8 〈語句確認〉①冬，雪　②夏
問11 ①○　②○　③○　問12 〈語句確認〉①広大な　②夏，様々な　③産業
問13 A：ちがう　B：雪どけ水，寒さ　C：夏，酪農，水産物　問16 すべて
問17 〈語句確認〉自然

食料生産02-1　日本の食料生産
問1 ①A　②C　③A　問2 A　問4 〈語句確認〉①東北
問6 ①○　②○　③×　④○　問7 青森，愛媛
問9 〈語句確認〉①日本各地　②自然（気候）条件

食料生産02-2　日本の農業生産
問1 展開例を参照　問4 ①○　②○　③×（インディカ米が世界の８割）
④×（１位）　⑤×（全都道府県で栽培）
問5 〈語句確認〉①平らな，水　②季節風，日照時間
問7 ①×（暑いところ）　②○　③×（2022年は新潟県）　④○
問8 展開例を参照　問9 〈語句確認〉①３月　②協力し合って　③共同
問11 ①×（２割）　②○　③○　問14 〈語句確認〉①水，深さ
②高める，形，区画，整理　③機械　④効率的，減った
問16 ①○　②×（福井県）　③○　問18 〈語句確認〉①ＪＡ，研究者
②品種改良する　③た　問21 D　問22 B　問23 A

問25 〈語句確認〉①カントリーエレベーター　②変えている　③費用
問28 B　　問29 〈語句確認〉①工夫や努力　②気候の特色　③協力　④ある

食料生産02-3　日本の漁業を考える
問1 展開例を参照　問2 〈語句確認〉①大陸だな　②海流　③多様な
問3，4 展開例を参照　問5 A　問6 B　問7 A
問8 〈語句確認〉①遠洋　②沖合　③水温，無線や電話など　④習性
問10 C　　問11 AとC　　問13 〈語句確認〉①漁港，水あげ　②種類や大きさ，せり
③すばやく，一定に　④ある　問15 ①A　②B
問16 〈語句確認〉①養殖，いる　②計画的，安定した　③様々な手間をかけて
④赤潮，大きく受ける　⑤研究，技術　⑥人の手　⑦安定して
問21 〈語句確認〉①しんせんな，費用　問25 D　　問26 C
問27 〈語句確認〉①1970年代　②200海里水域の設定　③1990年代　④悪化　⑤ある
⑥減少

食料生産02-4　日本の食料生産はどうあるべき？
問1 展開例を参照　問3 〈語句確認〉①40%　②低い　③世界中の
問6 D　　問7 捨て　　問9 〈語句確認〉①変化している　②魚から肉，米からパン
④輸入　⑤高い，牛肉などの畜産物　問13 〈語句確認〉①ある　②名前や顔
③日本，行われる　④産地，記録，トレーサビリティ
問17 B　　問19 〈語句確認〉①減少　②減少　③地産地消　④減少
問22 〈語句確認〉工夫して

資料編

国土01-1　世界の国や日本はどんな国？

アメリカ合衆国	中華人民共和国
大韓民国	フィリピン
ブラジル	イギリス
サウジアラビア	インド
オーストラリア	エジプト

①沖ノ鳥島	①与那国島
①択捉島	①南鳥島
①竹島	②日高山脈
②奥羽山脈	②赤石山脈
②飛騨山脈	②木曽山脈
②紀伊山地	②中国山地
②四国山地	②九州山地
②十勝平野	②石狩平野

①秋田平野	①仙台平野
①関東平野	①越後平野
①濃尾平野	②奈良盆地
②大阪平野	②岡山平野
②讃岐平野	②宮崎平野
③石狩川	③北上川
③最上川	③阿武隈川
③利根川	③信濃川

①荒川	①富士川
①木曽川	①淀川
①筑後川	③琵琶湖
③霞ヶ浦	

食料生産02-2　日本の農業生産　（第３時：問12で使用）

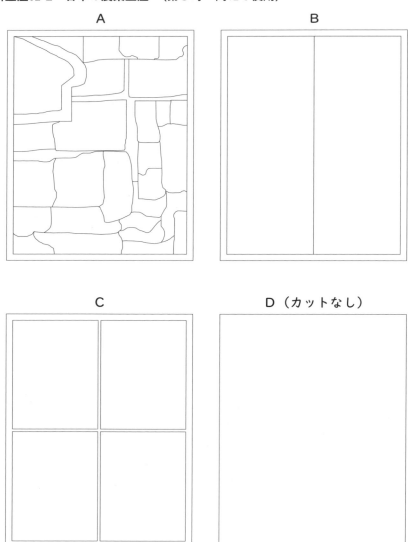

おわりに

　本書は1年間の育児休業期間中に書き上げました。生まれたばかりのわが子や5歳になった双子の育児をしながら，毎日子供と目いっぱい遊んで，寝るときには何冊も絵本を読み「お休み」を言う。その寝顔を見ることが一番のエネルギーのもとです。家族の支え以上のものは，ありません。この子たちの生きている社会がどうか素敵なものであってほしい。それが私の一番の願いです。そんな，私と同じような毎日を過ごし，毎日が精一杯の先生方。どうかこの本がそんな先生方の助けになれば幸いです。

　しかし，「はじめに」でも述べたように，現在，教師の置かれている状況は危機的です。史上最多の病休数。志願者数の激減。これらははっきりいって人災です。問題点は大きく2つあります。

① 「育てる」仕組みが不十分

　若い先生がゆっくり学ぶ時間がありません。管理職や教育委員会は仕事を増やすばかりで減らしてくれません。減らせることも減らしてもらえない中で，多くの先生たちは事務仕事が終わったときにパソコンを閉じながら「今日の仕事終わった！」と言うのです。

② 「守る」仕組みが不十分

　先生方の命を，管理職や教育委員会，文部科学省が守る仕組みがありません。すべて「病気になった人が悪い」になっています。形では「病気になって心配」と言いますが，具体的・効果的対応はないことがほとんどです。また，復帰のプログラムが整備され，実行されている自治体がどれだけあるでしょう。このように，多くのハラスメントが横行し，中には診断書が提出さ

129

れたにもかかわらず「診断書は受け取っていない」と虚偽の報告を行う管理職も実在します。こういう声を実際に集め，訴え出る時が来ました。

　もちろん，中には素晴らしい管理者がいることも理解していますが，以上の主張は概ね共感を得られる内容でしょう。

　さて，そんな状況の中でこの本の果たす役割は単純なものです。それは，「どんなときでも，この本さえコピーすれば面白い授業ができる」というものです。100点とはいいませんが，65〜80点の授業は確保できる。それがこの本の意義です。

　今回も他で全く出されていない新品のネタを多数用意しました。「へー，そんなネタがあるんだ」「そのネタは本当かな？」など，読みながらたくさんの考えが頭に浮かんでくることでしょう。そんな先生方の姿を想像するのは，このシリーズを出す一つの楽しみでもあります。本当はもっともっとネタはあるのですが，紙幅の都合と，「ネタのタネ」の段階で到底授業には耐えられないとの判断で掲載を見送っています。ネタは何となくわが子のようなものですから，大切に育て，次の機会があればぜひ披露したいと思います。

　私はほとんどSNSをしないですから，このご時世ではなかなか先生方とつながることはできないのが残念なところです。何かの機会で，読者の方々とつながれたらいいなと，いつも考えながら毎日を過ごしています。

　最後に，先生方。どうか，自分の身を第一に考えて毎日を過ごしてください。私は，そんな弱い立場に置かれている先生方の味方です。

阿部　雅之

ご協力いただいた団体・企業の皆様 （順不同）

東大阪商工会議所

株式会社 MACHICOCO

日本経済新聞東大阪支局

ホテルマウント富士

JA 全農山形

沖縄観光情報 Web サイト「おきなわ物語」

愛知県豊田市博物館準備課

セブン‐イレブン・ジャパン

愛知県東海市企画部広報課

株式会社盛光 SCM

書籍全体での参考資料 （順不同）

日本文教出版 「小学社会 5 年」令和 2 年度版

東京書籍 「新しい社会 5 上・下」令和 2 年度版

教育出版 「小学社会 5」令和 2 年度版

帝国書院 「楽しく学ぶ 小学生の地図帳」令和 2 年度版

文溪堂 「基礎基本 社会テスト」

＊『国土・食料生産編』『工業・情報・環境編』の上下巻での団体・企業様，資料をまとめて記載しています。

【著者紹介】
阿部　雅之（あべ　まさゆき）
1984（昭和59）年神戸市生まれ。公認心理師。大阪教育大学卒業。専門は社会科教育学。マレーシア・ペナン日本人学校を経て現在東大阪市立小学校勤務。1年間の育児休業後，現場復帰。中学校英語科教諭の免許の取得を予定しており，現在はイギリスの大学院留学のための準備を進めている。趣味はサッカー観戦と育児。

社会科授業サポートBOOKS
子供を社会科好きにする！面白ネタでつくる
5年生　全単元の授業プラン＆ワークシート
国土・食料生産編

2024年8月初版第1刷刊 Ⓒ著　者	阿　部　雅　之
発行者	藤　原　光　政
発行所	明治図書出版株式会社

http://www.meijitosho.co.jp
（企画）林　知里（校正）西浦実夏
〒114-0023　東京都北区滝野川7-46-1
振替00160-5-151318　電話03(5907)6703
ご注文窓口　電話03(5907)6668

組版所　株式会社アイデスク

＊検印省略

本書の無断コピーは，著作権・出版権にふれます。ご注意ください。
教材部分は，学校の授業過程での使用に限り，複製することができます。

Printed in Japan　　　　　ISBN978-4-18-316523-7
もれなくクーポンがもらえる！読者アンケートはこちらから
→

授業が１００倍楽しくなる！
絶対考えたくなる面白ネタ満載

続々重版！

単に楽しいだけのネタではなく、子供たちに本物の力をつけるために、学習する時代を捉えるネタを選りすぐって掲載。具体的な発問とともに授業の流れがわかるので、授業づくりもバッチリ！すべての授業プランでコピーして使えるワークシート付。

Ａ５判・176頁
定価2,200円（10％税込）
図書番号 2876

阿部雅之 著

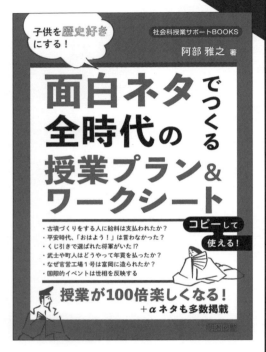

授業をもっと楽しくする＋αネタ

学者たちは卑弥呼を美人だと考えているか？　古墳づくりをする人に給料は支払われたか？
遣隋使成功は聖徳太子の功績ではない？　平安時代、「おはよう！」は言わなかった？
節分ではワタナベさんのもとには鬼が来ない？　くじ引きで選ばれた将軍がいた！？
武士や町人はどうやって年貢を払ったか？　なぜ官営工場１号は富岡に造られたか？　…etc.

明治図書　携帯・スマートフォンからは **明治図書ONLINE** へ　書籍の検索、注文ができます。▶▶▶

http://www.meijitosho.co.jp　＊併記4桁の図書番号（英数字）でHP、携帯での検索・注文が簡単に行えます。
〒114-0023　東京都北区滝野川7-46-1　ご注文窓口　TEL 03-5907-6668　FAX 050-3156-2790

トップリーダーのふるまいが学校を変える！

校長1年目に知っておきたい できる校長が定めている60のルール

四六判・208頁・定価2,266円（10%税込）・図書番号 3005

中嶋 郁雄 著

管理職を避ける人が増えている教育界にあって、覚悟を決めてその責を引き受け、校長職に就いた先生に贈ります。新任校長のための本書では、校長先生が抱く不安や疑問に応え、大きなやりがいにつながる校長職の"差がつく"仕事の心得を伝授します。

居心地のいい職員室は、教頭・副校長がつくる！

管理職1年目に知っておきたい できる教頭・副校長が定めている60のルール

四六判・208頁・定価2,090円（10%税込）・図書番号 3004

中嶋 郁雄 著

学級担任とは異なる視野が求められる管理職という職務は、やりがいも大きい反面、多忙感やトラブルも少なくありません。本書では、管理職になりたての先生が必ず抱く不安や疑問に応え、誰も教えてくれなかった教頭・副校長職の"差がつく"仕事の作法を伝授します。

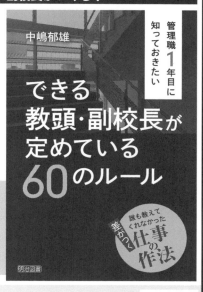

明治図書 携帯・スマートフォンからは **明治図書ONLINEへ** 書籍の検索、注文ができます。▶▶▶

http://www.meijitosho.co.jp ＊併記4桁の図書番号（英数字）でHP、携帯での検索・注文が簡単に行えます。

〒114-0023 東京都北区滝野川7-46-1 ご注文窓口 TEL 03-5907-6668 FAX 050-3156-2790

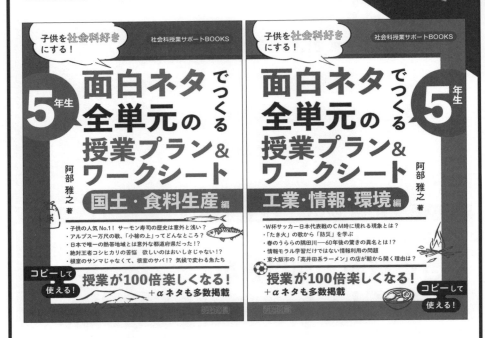

待望の5年社会！

**授業が100倍楽しくなる！
絶対考えたくなる面白ネタ満載**

授業をもっと楽しくする＋αネタ

- アルプス一万尺の歌、「小槍の上」ってどんなところ？
- 日本で唯一の熱帯地域とは意外な都道府県だった!?
- 根室のサンマじゃなくて、根室のサバ!? 気候で変わる魚たち
- W杯サッカー日本代表戦のCM時に現れる現象とは？
- 「たき火」の歌から「防災」を学ぶ
- 春のうららの隅田川―60年後の驚きの異名とは!? …etc.

各A5判・136頁
定価2,090円（10％税込）
図書番号 3165・3166

阿部 雅之 著

明治図書　携帯・スマートフォンからは **明治図書ONLINEへ** 書籍の検索、注文ができます。▶▶▶

http://www.meijitosho.co.jp ＊併記4桁の図書番号（英数字）でHP、携帯での検索・注文が簡単に行えます。

〒114-0023　東京都北区滝野川7-46-1　ご注文窓口　TEL 03-5907-6668　FAX 050-3156-2790